横浜事件・再審裁判とは何だったのか

権力犯罪・虚構の解明に挑んだ24年

大川隆司／佐藤博史／橋本 進

第2次・4次再審請求人
小野新一／齋藤信子

高文研

■はじめに

横浜事件・再審裁判は、一九八六年から二〇一〇年まで、二四年をかけ、第一次から四次にわたってたたかわれた。

そのうち、第一次から二次にかけては裁判所の厚い壁にはばまれ、ほとんど門前払いに近い状態で退《しりぞ》けられた。

第三次請求によって、ついに待ちに待った再審の門が開かれたが、再審公判での横浜地裁の判決はだれもが期待していた「無罪」ではなく、「免訴」、つまり六一年前の「有罪判決を下した裁判はなかったことにする」というものであった。弁護団による事理を尽くしての抗弁も採り入れられず、高裁をへて最高裁で「免訴」が確定した。

しかしその後に続いた第四次では、裁判長が交代した横浜地裁は、請求人・弁護団側の要請に正面から応《こた》え、再審開始決定においても、再審公判（判決は「免訴」）においても、そしてさらに刑事補償決定においても、事件の内部に踏み込んで審理し、その虚構を解明、横浜事件が特高警察と司法当局によって捏造《ねつぞう》された〝権力犯罪〟であったことを明らかにした。

四次に及んだ再審裁判のうち、後半の第三次と第四次は別々の請求人と弁護団によってになわれ、並行して進行したが、最後は二〇一〇年2月4日、刑事補償請求において、どちらも裁判所による「無罪の証明」とも言うべき法律上満額の決定を得て同時に決着した。

ところで、第二次・四次の再審請求は故小野康人氏（事件当時、総合雑誌『改造』編集者）の夫人・貞さんと、遺児の小野新一、齋藤信子さんによってになわれたが、中途で他界された貞さんの遺志にもとづき、刑事補償金は一次・二次・四次の裁判を支えてきた〈横浜事件・再審裁判を支援する会〉事務局に託された。

それを受け、〈支援する会〉では、特高警察と治安維持法を裁いた唯一の裁判と言えるこの歴史的裁判の記録集を公刊し後世に残すことが使途として最も有意義であろうと考え、関係者一同で合意した。

本書と、同時に発刊した『全記録：横浜事件・再審裁判』（A5判・八九〇頁）、『ドキュメント横浜事件』（A5判・六三〇頁）の3冊（いずれも高文研刊）はこのようにして出版された。

自らも製作にかかわるとともに、資金を提供いただいた小野新一、齋藤信子さんお二人に深く感謝します。

〈横浜事件・再審裁判を支援する会〉事務局　梅田正己

Ⅰ　横浜事件
――〝特高の時代〟の権力犯罪

〈横浜事件・再審裁判を支援する会〉事務局・元中央公論社
橋本　進

1　十指に余る拷問・捏造事件

横浜事件とは、太平洋戦争下、一九四二年から敗戦の四五年にかけて、神奈川県警察部特別高等課（特高）が、編集者・研究者ら六四名（氏名が確認されている人）、未確認の人をあわせると九〇人にも及ぶ人を検挙し、共産主義活動、日本共産党再建運動を行なったとフレームアップした一連の事件の総称である。虚偽の「自白」をさせるため凄惨な拷問を行ない、獄死者四名、保釈直後死者一名、負傷者三〇数名という被害者を生じた。三〇数名が起訴され（三三名は確認される。不明若干)、特高の捏造を追認した形ばかりの裁判で、すべて有罪とされた(ただし、四五年10月15日の治安維持法廃止まで争いつづけた細川嘉六、上告していた内田丈夫、森数男は免訴となった)。

事件が進行していた当時、特高は「神奈川県に於ける左翼事件」と称し、次のように概括していた。

「神奈川県に於ては、昭和十七年より本年(十九年)にかけ、夫々《それぞれ》人的連係を持つ一連の事件として、『米国共産党員事件』『ソ連事情調査会事件』、細川嘉六を中心とする所謂《いわゆる》『党再建準備会グループ事件』『政治経済研究会事件』『改造社並に中央公論社内左翼グループ事件』『愛政グループ事件』等総員四十八名を検挙し……」(内務省警保局『特高月報』昭和一九年八月分。以下44・8と表記)。

右記述の後も特高は検挙をつづけ、敗戦時には、事件数は十指に余るに至った。神奈川特高が検挙し、被害者は横浜各地の警察署(のち横浜拘置所)に拘束され、横浜地方裁判所が裁判に当たったから、横浜事件と呼ばれるようになった。

2　事件の拡大――一つの事件から次の事件へ

米国共産党員事件

一九四二年9月11日、外務省の外郭団体の世界経済調査会で、資料室長をしながらアメリカ班で研究をしていた川田寿《ひさし》と定子夫人が、神奈川県特高に検挙された。この事件と後述の細川嘉六論文事件が、その後えんえんと広がる横浜事件の端緒である。

前年12月開戦の太平洋戦争は、緒戦の日本軍勝利も束の間、四二年6月、ミッドウェー海戦で敗北、8月、ガダルカナル島に米軍上陸、12月、日本軍撤退決意……と日本の敗色がきざし始めた頃である。しかし、厳重な報道統制、偽りの大本営発表で、大多数の日本人はまだ戦局の転移に気づいていなかった。

川田夫妻の検挙は、開戦後、日米交換船で帰国した者に対して、特高がそれまでの帰国者名簿から左翼活動家を指名させたのがきっかけであった。

川田寿（戦後、東京都労働委員会事務局長→慶應義塾大学教授）は、一九三〇年、慶大生として在籍のままペンシルヴェニア大学に留学した。勉学のかたわらニューディール下の労働組合運動を支援するようになり、日本人労働者クラブに出入りした。ここで定子と知り合い、結婚。満州事変以来の日本の中国侵略に反対、ニューヨーク寄港の日本艦隊乗組員に反戦ビラを手渡したりした。しかし、夫妻とも米国共産党員になったことはない。

特高は夫妻の米国での活動を米国共産党員としての活動とし、帰国後、米国共産党と連絡、日本国内〝同志〟の結集につとめたという筋書きを考えた。この筋書き通りの「自白」をさせるため、残虐な拷問を加えた。夫妻とも何度も失神し、定子夫人は瀕死となって病院に担ぎ込まれ、一命をとりとめたこともあった。

川田夫妻検挙翌年の四三年1月21日、高橋善雄（世界経済調査会の同僚。翌四四年5月23日獄死）、川田茂一（寿の実兄）、木佐森吉太郎（学生時代の知人）、大野辰夫、青木了一、小屋敷国秋（在米時代の知人）、大河内光孝（川田が未知の帰米者）が検挙された。高橋以外は数カ月後、不起訴、釈放となった。川田夫妻は四五年7月25日、一回だけの公判で有罪判決をうけた（寿＝懲役三年、執行猶予四年。定子＝懲役一年、執行猶予三年）。「犯罪事実」のうち、日本共産党再建やスパイ活動は消え、在米時代の活動のみが治安維持法違反とされた。

☒ソ連事情調査会事件

前記高橋は世界経済調査会のソ連研究班員だった。班といっても班長の益田直彦（戦後、中央公論社出版部長→山一証券）と二人だけ。益田の発案で、月一回、ソ連研究会を開いていた。参加者は陸軍参謀本部、海軍軍令部、満鉄東京支社調査室、外務省、東亜研究所、企画院のソ連研究者で、格式ばらないゆるやかな研究会だった。四三年5月11日、益田のほか、平館利雄（当時、満鉄東京支社調査室。戦後、横浜国大、専修大教授）、西沢富夫（当時、満鉄東京支社調査室。戦後、日本共産党副委員長）、諸井忠一（当時、世界経済調査会）、関口元（当時、元世界経済調査会）が検挙された。特高はこれらの人たちが、ソ連に有利な資料を収集、社会主義ソ連の優位性を宣伝し、日本の対ソ攻勢を牽制、共産主義の魅力を増大させる思想謀略を行なったと称し、後の段階になるとものものしく「ソ連委員会事件」と言いかえている。軍部に遠慮してか、陸海軍将校の参加には一言もふれない。

益田は戦後、一九四五年9月4日、有罪判決（懲役二年、執行猶予三年）をうけるが、その「犯罪事実」として、右容疑のほか、つぎにのべる「細川嘉六を中心とする所謂党再建準備会グループ事件」にかかわる事項があげられていた（後出）。

平館と西沢の検挙の際、特高は家宅捜索で一枚の写真を手に入れた（1）。検挙前年（四二年）に催された細川嘉六の招待による富山県・泊町での慰安会（両名参加）の記念写真である。

神奈川県特高警察により「共産党再建準備会」のフレームアップに使われた写真。1942（昭和17）年７月初旬、細川嘉六の郷里・富山県泊町の紋左旅館の中庭で。前列左から平館利雄（満鉄東京支社。当時、以下同）、木村亨（中央公論社）、加藤政治（東京新聞）、相川博（改造社）、後列左より小野康人（改造社）、細川、西沢富夫（満鉄）。撮影者は西尾忠四郎（満鉄）。

⊠細川論文事件＝細川嘉六を中心とする、いわゆる党再建準備会グループ事件

一九四二年7月5〜6日、富山県下新川郡泊《とまり》町（現朝日町）の料理旅館「紋左《もんざ》」に懇親の人々が集まった。同町出身の国際政治学者・細川嘉六（戦後、日本共産党参議院議員）が、近著『植民史』（東洋経済新報社。石橋湛山企画の『日本現代文明史』全一八巻のうちの一巻）の印税で、日頃世話になっていた編集者・研究者を招待したのである。食糧難がきびしくなっていた折柄の細川の心づくしである。上掲の押収写真は、「紋左」

中庭での旅行記念のスナップ写真で、細川を中心に七名が写っていた。前記二名のほか、相川博（総合雑誌『改造』編集者）、小野康人（同）、木村亨（中央公論社出版部員）、加藤政治（『東京新聞』政治部記者。直前まで東洋経済新報社編集者として『植民史』担当）。写真撮影者は西尾忠四郎（満鉄東京支社調査室）である。

この写真をもって神奈川県の特高は、「共産党再建準備会」なるものをでっち上げ、平館、西沢につづけて、相川、小野、木村、加藤、西尾を検挙する（四三年5月26日）。細川はこれから八ヵ月前に、次に述べる細川論文事件で検挙されていた。

細川が検挙された経緯は次の通りである。

『植民史』刊行後、細川がかねて『改造』編集部の相川と執筆を約束（太平洋戦争開戦直後）していた長大論文「世界史の動向と日本」（以下、細川論文）が、四二年6月末に仕上がった。原稿は相川が受け取った。

論文の完成近い時期に、細川からの提案で、泊への招待がきめられていたので、細川は7月2日東京発、松島、平泉、長岡を経由して泊へ向かい、相川は7月2日（あるいは3日）東京発、山形を経由（雑誌の企画で3日に山形で農村座談会）して泊へ向かった。他の者は東京から泊へ直行し、5日早朝、一同は紋左旅館で顔を揃えた。朝食を共にし、午後は細川ら五人が舟で親不知《おやしらず》へ出かけて遊び、夜は料亭・三笑楼で宴会、翌6日朝、記念写真をとって解散という日程であった（解散後、相川は新潟に行き、農村座談会を行なう。この記事は細川論文前半掲載の『改造』四二年八月号にのっている。細川は延泊。8日に帰京した）。

情報局の検閲を通過した細川論文前半部分を掲載した『改造』八月号は、7月25日に発売された。すると、狂信的右翼・蓑田胸喜《むねき》（原理日本社・日本精神文化研究所）一派の田所広泰が細川論文誹謗の怪文書をばらまき始めた。後半部分掲載の九月号は、これももちろん情報局の検閲をパスして8月25日に発売された。ところが9月7日、陸軍報道部主催の「六日会」（毎月定例の総合雑誌批評会）で平櫛《ひらぐし》孝少佐が細川論文を激しく非難した。

同論文は世界史の発展過程を考察し、その流れからみて、日本はアジア諸民族に対し欧米帝国主義の亜流になってはならず、その自主・自立を尊重せよとのべ、ソ連の民族政策の成功等が例示されていた。これに対し平櫛少佐は〝日本の南方民族政策において、ソ連の民族政策に学び、原住民と平等の立場で提携せよ、というのは民族自決主義で敗戦主義だ。日本の指導的立場を否定する反戦主義で、戦時下、巧妙な共産主義の宣伝である〟と論難した。ついで谷萩《やはぎ》那華雄陸軍報道部長が『日本読書新聞』紙上（9・14付）の談話で、同趣旨の非難をし、このような共産主義宣伝論文の『改造』掲載が許されたのは〝検閲の手ぬかり〟とのべた。

あわてた警視庁は『改造』を発売禁止、細川を治安維持法違反（第五条・共産主義の啓蒙・宣伝の禁止）容疑で検挙した（9月14日、先述の川田夫妻の検挙の三日後であるが両者は全く無関係）。危機に立たされた『改造』は、編集長・大森直道と担当編集者の相川が退社、その他の編集部員は総入れ替えとなった。

世田谷署において細川の取調べに当たったのは芦田辰次郎警部補（小林多喜二虐殺事件の折の築地署特高）で、細川が永年にわたって発表してきた諸論文はすべて共産主義宣伝・啓蒙の意図で書かれたものとして三一回にわたって訊問をつづけ、それを受けて検察官は公判にかけるための予審を請求、四四年5月、東京地裁で予審開始となった。

この間、先述のソ連事情調査会事件（43・5）で前年の泊慰安会記念写真を入手した神奈川県特高は、慰安会を党再建準備会議（泊会議。泊事件）に捏造する作業を始めたのである。東京地裁の予審判事による訊問を二回ほど終えたところで、細川の身柄は横浜地裁へ移され、横浜の予審判事の訊問を受けることとなった（四四年10月以降）。「泊会議」の出現により、細川の容疑は、治安維持法第五条違反から、第一条（国体の変革）、第一〇条（私有財産制度の否認）違反に切りかわったのである。

☒党再建準備会＝「泊会議」事件

「泊会議」について、特高は慰安会＝党再建準備という捏造の筋書きを早くから描いていたようである。相川や木村は検挙されたその日から、右趣旨の「自白」をするよう拷問されている。ソ連事情調査会事件で検挙された益田への訊問も、研究会についてではなく「泊会議」への追及から始まった。益田は泊へは不参加だった（したがって写真に写っていない）が、招待されていたという関係である。激しい拷問をうけた。

特高月報（44・8）や残存する予審終結決定書にみる「泊会議」とその後の活動は次のようなものだ。

①（a）細川と相川は、浅石晴世（後出）、木村、小野、加藤、新井義夫（後出）らの編集者と細川を中心とする共産主義者グループをつくっていた（細川グループ）。一方、平館は、西尾、西沢らとグループをつくっていた（満鉄グループ）。泊で両グループが合体、共産党再建準備会を結成した。

（b）その合法活動の舞台として「民族政策研究所」（傍点・筆者）を計画した。

（c）細川検挙後、後継者にしようとして名和統一（大阪商大教授）と折衝した（後出）。

②コミンテルン及び中共と連絡しようとした。

（a）四三年4月、益田に外務省伝書使として訪ソの話があり（実現はしなかった）、それを機にモスクワのコミンテルンとの連絡をはかろうとして、益田、平館、西沢が協議した（5月上旬）。

（b）中国出張の機会があった新井義夫、および大連の満鉄本社、満鉄上海事務所に友人をもつ平館、西尾、西沢らが中共と連絡しようとした（「満鉄調査室事件」として後述）。

③細川論文掲載活動をした（特高は相川を責め立て、細川論文は「全国同志の決起を促す指令《ママ》的論文」である旨を「自白」させた）。

④それぞれの職場＝改造、中央公論、満鉄調査室、世界経済調査会等を共産主義運動に利用しようとした。

いずれもこじつけか架空の「犯罪事実」である。そのうち二点だけ例示しよう。

特高は慰安会を「党再建会議」にしたので、その会議の「内容」をつくらねばならない。そこで、半年も前から約束されていた細川論文の『改造』掲載を「会議」での決定事項とした。その結果、7月25日発売の雑誌に掲載可否の相談が何と7月10日頃、また掲載決定の編集会議が7月中旬頃に行なわれたという、およそ非現実的なスケジュールが設定された（予審終結決定書、判決書に記載。このスケジュールでは、7月25日発売の雑誌に同論文掲載は全く不可能）。

また、細川は「民族問題研究所」（傍点・筆者）の着想を、四二年3、4月ごろ加藤や相川に語ったことはあるが、6月末には早くも断念を表明しており、「泊会議」であらためて決定することではない。

事件の捏造がかなり進行したころ（たとえば相川の長文の手記の日付は四三年9月）の四三年10月、特高は泊へ出張、紋左の女将・柚木《ゆうぼく》（通称ゆのき）ひさ、三笑楼主人・平柳梅次郎や二人の芸者、女中、船頭ほかの人びとをきびしく訊問したが、いずれも事実のみを述べて脅しに負けた者はなく、成果はゼロだった。その様子は、翌年（四四年）11月12日前後に、泊警察署で行なわれた出張予審訊問調書でうかがうことができる。

拷問による「自白」と手記がつくられ、泊会議＝党再建準備会議の虚像捏造がすすんだが、四四年4月末から5月初めにかけ、木村（4・28、四百字詰め六枚）、平館（5・1、一五枚）、相川（5・9、四五枚）は山根隆二検事宛の特別手記を書かされた。この三人の手記によって細川を中心人物に仕立て、「泊会議」を細川に承認させようとした、と木村は推定している。

しかし細川は四四年10月から横浜地裁での予審訊問（予審判事・石川勲蔵）を受けるが、相川らの手記・調書を「読聞《よみき》」かせながらの訊問に対しすべてを否認、訊問最後の段階では相川、平館、木村の精神鑑定を要求、自分が世田谷署における取調べで暴行をうけ、生命の危険をおぼえて主張をまげざるを得なかった経験を述べて反撃している（予審調書。44・12・22）。

こうした中、四四年7月初め頃から、被拘置者間の「秘密レポ」が可能になった。「下肚《したばら》に力を入れよ、暴言を吐くな」との細川の言葉を受け取った木村は、予審に際しての三ヵ条の申し合わせを泊グループ全員に送った。①拷問の事実の暴露。②泊会議が虚構であること。③自分たちは民主主義者で、共産主義者ではないこと。

平館はその特別手記（前出）で特高の筋書き通りを書かされているが、それでも「『紋左旅館』及び『三笑料亭』に於ける会議は厳格な意味に於ける会議ではなく、笑談の程度のものでありますが」（傍点・引用者）というフレーズをまじえていた。平館はまた相川予審訊問にかかわって二度訊問された（44・11・22、27）。第一回訊問で、相川調書を読み聞かせながらの問い「三笑楼の会合につき、相川は斯様《かよう》に述べておるが何《ど》うか」に対し、「……相川は余り（にも）尖鋭的な言葉を以て述べておるように思います。私等は党再建準備会として協議したのではなく、ただ同志が会合し雑談の形式でお互いに意見の交換をし、話合ったので、相川の言う様な過激な言辞は用いませんでした」（傍点・引用者）、と答えている。

一方、相川は第七回調書（44・12・16）で、これまでの陳述につき訂正はないか、との問いに対し、次のように答えている。

「私は、これまでのお取調べの際、私等が、細川の郷里泊町の紋左旅館、三笑楼において日本共産党の再建準備会なる非合法グループを結成したと述べたこと、並びに、民族問題研究所の設立につき協議したと述べましたが、それは、私の言過ぎで、実は、細川、満鉄両グループが合流合体し、同志的結合の強化を図り、相互に意識の昂揚に努めた程度であります。尚、その時民族問題研究所設立の話は出なかったと思います」（傍点・引用者）。

ではなぜ間違った陳述をしたか、との問いに対しては、「警察の取調べを受けた際、係官より、警察で述べた通りを検事、判事にも陳述せよと言われたので」と答え、さらに山根検事宛に書いた手記（前出）も間違っていた、と述べる。その手記の間違いの理由は？　との問いに対しては、「警察の取調べと同趣旨でなければならぬと思い、警察の調書と同趣旨の手記を認《したた》めて提出したのであります」と答えている。

木村も四五年3月頃からの予審で先の三ヵ条を主張した。だが、被害者側の抗弁は何一つ聞き入れられなかった。

一貫して全面否認をつづける細川は相川と二人いっしょにされ、「細川嘉六・相川博予審終結決定書」（44・12・29）が作成された。ここでは細川の年来の論文はすべて共産主義論文とされ、「泊会議」については細川の否認は完全に無視され、かわりに特高創作の作り話を全面的に認めた相川の調書と手記が採用されて「証拠」とされていた（二人いっしょの予審終結決定という異例の手段をとったのはこのためだったと思われる）。平館や相川の抗弁も一切反映されず、特高の筋書き通りが書かれていた。

敗戦の年、四五年9月15日、泊事件の被告六人（法廷で争うことを宣言し、後に治安維持法の廃止で免訴となる細川は除外、西尾は死去）の一括裁判が行なわれた。「泊会議」についてはあれだけ問題にして容疑者たちを責め立てておきながら、判決書からは跡形もなく消し去られていた。「泊会議」なき泊事件判決である。

「泊会議」は、細川・相川（44・12・29付）、小野（45・7・20付）の予審終結決定書には存在し、木村予審終結決定書（45・8・27付）、小野、西沢判決書（45・9・15付）で消え失せている。敗戦で周章狼狽、戦犯追及を恐れた裁判所が、関係資料・記録を焼却しつつ、8月22日から27日の間に予審終結決定書から最大の虚構を削除して、あとはそのまま判決としたのであった(2)（いずれも懲役二年、執行猶予三年）。（西尾の予審終結決定は敗戦後の8・22付になっているが「泊会議」が残っている。しかし西尾は6・30に病気保釈、7・27に死去しており、予審終結決定はそれ以前に作成されていたはずである。8・22は司法当局が「処理」をした日付である。）

益田の判決は9月4日。ソ連事情調査会事件のほか、外務省伝書使役を利用してのソ連での活動について平館、西沢と協議したこと（コミンテルンとの連絡云々は消えている。実際は喫茶店での会話にすぎない）が、犯罪事実として記されていた（西沢判決にも）。

☒政治経済研究会事件

新井義夫（中央亜細亜協会。細川の『植民史』の資料集めを手伝った。朝鮮人）が検挙された（四三年7月11日）。ついで浅石晴世（中央公論社調査室、前『中央公論』編集部員）が検挙される（同年7月31日）。浅石は病気のため泊宴会には参加できなかったが、細川に近しい編集者であった。浅石と新井は高木健次郎（当時、日本製鉄本社。戦後、立正大、獨協大教授）らの政治経済研究会のメンバーだった。

もともと高木、浅石は昭和塾生だった。一九三三（昭和八）年、近衛文麿（当時、貴族院議長）の親友、後藤隆之助が近衛のブレーン機関として昭和研究会を発足させた。同研究会は「東亜協同体論」「新体制論」提唱などで知られる。研究会関連の教育機関として昭和塾が発足した（三八年11月。後藤隆之助塾長）。

塾生は社会人や学生の応募者から選衡。講師陣には、平貞蔵、蝋山政道、佐々弘雄、笠信太郎、三木清、尾崎秀実、細川嘉六ら自由主義左派の人々も加わり、多彩であった。しかし、四一年10月、ゾルゲ事件で尾崎が検挙され、翌11月、塾は解散した。

高木は塾内で、板井庄作（電気庁長官官房。技師）、浅石、由田浩（古河電工）らと自主的研究会を行なっていたが、塾解散後、これらの人とともに細川を訪問した後、新たなメンバーを加えた研究会を組織し、明治維新や日本資本主義の発展、とくに現状分析（戦力の分析）をテーマに研究活動をつづけた。

四三年9月9日、先述の新井、浅石の検挙につづき、高木、板井、由田、勝部元（日本製鉄本社）、小川修（古河電工）、森数男（大東亜省総務局）、白石芳夫（糖業連合会）、和田喜太郎（中央

公論社)、10日に山口謙三(日本鋼管本社)、大林良二(同上)が検挙された。つづいて桜林誠(43・11・1)、渡辺公平(日本製鉄・八幡。43・11・27)、佐藤静夫(古書籍商。44・1・24)、中沢護人(日本製鉄・広畑↓本社。44・2・17)の検挙となった。渡辺、中沢は高木、勝部、森らの友人(3)、佐藤は板井、山口に『マルクス・エンゲルス全集』を売ったという関係である。

特高は、これら官庁、重要産業会社に勤務する者たちが、機密書類を持ち出し、日本の戦力を分析、共産主義革命を展望していた、浅石は研究会を党再建準備会の傘下に収めようとしていた、と断定した。この神奈川特高の〝成果〟は重視され、四三年11月付の内務省警保局保安課がまとめた「最近の左翼事件に鑑み、注意を要する事項」の中で、日鉄本社、古河電工、電気庁、大東亜省、日本鋼管、糖業連合会、中央公論社、中央亜細亜協会等に所属する者が「職務上知り得た機密の知識を交換し」、重要書類を持ち出した、と例示した(ついでソ連事情調査会、米国共産党員〈川田のこと〉についてのべ、これらの「被疑者が一つの組織にまとまろうとしていた機運」があり、検挙はその直前だった、と記している)。湯沢三千男内相は、この文書にもとづき「事件」を東条内閣の閣議に報告した。

浅石は四四年11月13日に獄死、和田は四四年8月21日に懲役二年の実刑判決を受け、四五年2月7日に獄死(後出)。森は、「昭和十八年度物資動員計画大綱」を持ち出した、として治安維持法のほかに国防保安法に問われ、懲役四年の判決をうけた(四五年7月31日)。上告して、戦後、免訴となった。ほかの人たちの殆どは、四五年7～8月に懲役二年、執行猶予三年の判決であった。

時局を憂える若きインテリゲンチャが、抵抗の意志をもちつつ(4)、客観的に情勢を分析、敗戦を明確に見通し、戦後日本の民主化を展望していたのは事実であるが、コミンテルンと日本共産党のための活動というのはでっち上げである。

🅇改造社並に中央公論社内左翼グループ事件

一九四四年1月29日、永年にわたって論壇をリードしてきた二大総合雑誌の発行元、改造社と中央公論社の現・元編集者が一斉検挙された（カッコ内は検挙当時の勤務先）。

改造社＝既検挙の相川、小野のほかに、青山鉞治《えつじ》（海軍省嘱託）、小林英三郎、若槻繁、水島治男（科学振興社。元『改造』編集長）。細川論文掲載時の編集長・大森直道は、退社して外務省上海大使館報道部嘱託となり、上海で検挙された（44・3・12）。

中央公論社＝木村、浅石、和田のほかに、小森田一記（日本出版会）、畑中繁雄、藤田親昌、沢赳。小森田、畑中、藤田は一九三七～四四年の歴代『中央公論』編集長。青木滋（翼賛壮年団。戦後のペンネーム青地晨）。

特高は、これら共産主義者は、コミンテルン、日本共産党支持のために、長年にわたって共産主義論文掲載、左翼本出版活動をつづけ、編集会議をあやつり、社長は彼らの策動を容認してきた、という荒唐無稽の構図をつくり上げた（凄惨な拷問で）。今日残存する判決文、予審終結決定書、特高月報（44・8）でみると、両社のあらゆる言論・出版活動、社業を共産主義活動とする乱暴さは、あきれるほどのものである。

四四年7月10日、両社は内閣情報局によって解散させられた（後出）。一括して行なわれた改造グループの判決は四五年8月29日、中央公論グループは四五年9月4日であるが、刑はひとしなみに懲役二年、執行猶予三年であった。

☒日本編集者会、日本出版社創立準備会事件

中央公論社と改造社の編集者を大量検挙した特高は、これらの人と交流のあった他社の編集者に手をのばし、四四年11月27日、つぎの人々を検挙した（カッコ内は、検挙時の所属）。

日本評論社＝美作太郎『日本評論』（日本評論社）編集長、松本正雄（日独文化協会。前『日本評論』編集長）、彦坂竹男（同盟通信社調査部。前日本評論編集局次長）。

岩波書店＝藤川覚（同盟通信社出版部。元岩波書店編集者）。

太平洋戦争開戦前の一九四〇（昭和一五）年、日本編集者会がつくられた。有志の呼びかけで既存の親睦団体・東京編集者協会、書籍編集者中心の出版新体制促進会（前身は出版懇話会）の

一部を合流させて出発した。その中核は小森田、青木、畑中（以上、中央公論社）、相川、小林（以上、改造社）、松本（日本評論社）、生江健次（文藝春秋社）らであった。

　当時、出版界を含めて日に日に強まる軍国主義・国粋主義の下で、多少とも理性的・良心的立場を保とうとする編集者の結集をめざした動きであった。しかし無条件加入としたため、すぐに右翼編集者が多数となり、四一年6月、日本編集者協会に改組したときは、完全な神がかり右翼組織に変身した。日本編集者協会は太平洋戦争開戦となるや、「聖旨を奉体し、聖戦の本義に徹し」……「鉄石の意志を以て言論国防体制の完璧を期す」（傍点・引用者）と決議し、四三年の『中央公論』「撃ちてし已《や》まむ事件」（後出）に際しては、陸軍の尻馬に乗って、編集方針の根本的転換を迫る勧告文を同社につきつけたり、禊《みそぎ》（神道行事）を含む三日間の錬成会を催したりの狂態を演じた。

　一方、同盟通信社社長の古野伊之助は、同盟通信、朝日新聞、毎日新聞、読売新聞で、各社別々に作っていたニュース映画を、「日本映画社」に統合・一元化することに成功した（四〇年）。古野は次いで、各社が発行していた年鑑や週刊誌を一元化する「日本出版社」を構想し、人選を甥の伊藤愛二（千倉書房編集長）に相談した。伊藤が岩波の藤川の意見をきいたところ、藤川は中央公論の小森田、日本評論の美作を推薦した。美作は辞退、彦坂が推され、小森田、彦坂、藤川、伊藤の四名は同盟通信社に籍を移した。しかし、この構想は実現しなかった。

以上のような人の動きから、特高は次の筋書きをつくった。
——左翼編集者の結集をはかった（日本編集者会）連中が、計画に失敗したので、新たに左翼出版社（日本出版社）を計画した、というものである。

実際には、二つの動きは全く関係がなかった。日本編集者会結成に努めた人たちの間に、時流への抵抗の意識があったのは事実だが、共産党再建の意識などは全くない。日本出版社は古野構想による国策会社案である。業界で知られる有能編集者を引き抜いたら、それが権力のお先棒担ぎをよしとしない、見識ある編集者だった、というのが事の経過である。中公、改造の編集者は既検挙だから日本評論、岩波の編集者が新たに検挙されたわけである。

▨日本評論社内左翼グループ事件

敗戦の年、四五年に入って、日本評論社の鈴木三男吉、渡辺潔（4・10）、岩波書店の小林勇（5・9）が検挙された。

日本評論社では、その頃、気のあった編集者同士が、毎週木曜日に社の会議室で懇談したり、遊びに出かけたりする自由なグループ（木曜会）があった。特高はこれを「社内左翼中核体」と断じた。社内に謄写版刷り、二〇〜三〇ページの同人誌『山彦』（俳句、詩、エッセイ等。四〜五号が発行された）があったが、特高はこれを「左翼啓蒙」「先鋭分子の発見育成」が目的だと断定した。「この村も五人戦死の声低し」などの句が証拠とされた。

（なお、日本評論社では、横浜事件関係とは別に、エスペラント運動関係で編集者の野口肇、大谷章通が検挙されている(5)。44・6・6）

◪満鉄調査室事件

満鉄の関連では、四四年3月12日、満鉄大連本社調査部の内田丈夫、27日、上海特別市政府工業社会処の安藤次郎、4月15日、満鉄上海事務所調査室の手島正毅が検挙され、横浜に連行された。中国では中西功らの検挙（四二年6月。上海反戦グループ事件）に始まって、満鉄調査部事件（第一次＝四二年9月、第二次＝四三年7月）(6)が引き起こされ、大量検挙がつづいていたが、これとの関係ではない。

西尾予審終結決定書によれば、「泊会議」の後、平館、西尾、西沢らは中国共産党との連絡を企て、手島正毅が東京本社に来た折（42・12）、手島に安藤を通して中共と連絡することを依頼、手島が承諾。ついで四三年5月、内田が来京の折、やはり安藤を通しての中共との連絡を依頼、内田は承諾――というストーリーでの検挙であった。

手島と安藤は四五年9月1日、懲役二年、執行猶予三年の判決をうけたが、手島判決書をみると、中共との連絡についての西尾、平館らとの協議に関しては一行も書かれていない。犯罪事実とされているのは、中西功中心の「支那抗戦力調査」への参加・協力等である。安藤については予審終結決定書も判決も残っていないが、おそらく同様に泊グループとの関連は消え失せているのではなかろうか。

内田丈夫は、四五年8月に懲役五年の判決をうけ、上告中に免訴となった（予審終結決定書も判決書も存在しないので、経過は明らかではない）。

⊠愛政グループ事件

「愛政」は右翼的労働者団体・愛国政治同志会の略。元共産党幹部の近藤栄蔵は転向して国家社会主義者となった（三一年）。労働者団体の日本労働同盟を組織したが、それを愛国労働農民同志会へ（三六年）、さらに愛国政治同志会へと再組織した。

愛政の会員で、元工員（東京汽車製造）の田中政雄は、四三年9月20日に検挙され、翌四四年5月4日、獄死した。田中は三八年、左翼研究会事件で検挙され、留置場で布施禰一（労農派教授グループ事件で検挙）と知り合った。布施は三九年に東洋経済新報社に入社、加藤（前出。泊グループ）の同僚となった(7)。細川『植民史』を含む『現代日本文明史』のうち、蝋山政道『政治史』を担当した。田中は布施を通して加藤と知り合い、加藤を講師にした十数名の工員の研究会を組織した。特高月報（44・8）は、次のようにいう。――労働者の組織化に努力していた田中は「昭和十七年八月加藤政治より、細川を中心とする党再建準備会の結成を詳細説示されるや、直ちに之に加入すべきことを申入れ、東京汽車会社、旧愛政支部員、日立精機川崎工場の組織を報告せり」。

田中の線から、愛政の幹部であった広瀬健一、大月勘一が検挙された。この時期に、関連して、労働者二五〜三〇名が検挙されたという記述(8)があるが、実相は明らかではない。中村智子『横浜事件の人びと』における、広瀬、大月の聴き取り以外に資料が存在しないので、何人かの関連労働者が召喚されたり、検挙されたのであろうと推測するほかない。今後さらに追究すべき課題である。

■検挙者の友人・知人たち

政治経済研究会グループの新井義夫の友人、崔応錫（東大医学部助手）が四四年3月に検挙された。

四四年6月30日に検挙された朝日新聞整理部次長の酒井寅吉は、中央公論の小森田と早大時代の友人である。小森田の家宅捜索の折に発見された一通の私信がきっかけとなった。三年前に、召集中の軍隊から送ったもので、軍隊を批判し、〝生きているうちに一度だけでも反戦運動をやりたい〟との文面であった。敗戦の年の8月18日の裁判で、懲役二年、執行猶予三年の判決をうけた。

改造社の青山鉞治と同人雑誌『五月』を刊行していた仲孝平（ペンネーム＝那珂孝平）は、「左翼文学研究会『五月グループ』事件」として、四四年10月4日、検挙された(9)。年少の頃、創刊間もない『文藝春秋』に投稿したのがきっかけで、作家となり、やがて日本プロレタリア作家同盟に加入した（三一年）。三六年、武田麟太郎創刊の『人民文庫』（人民社）の編集者となった。『人民文庫』の本を読んだ青山が手紙を出したのがきっかけで、青山と親友になった。発禁が相つぎ、三八年に人民社は解散。仲は時計工場・英工舎に勤めるようになる。四三年5月、青山らと同人雑誌『五月』を創刊した。青山検挙の際の家宅捜索で、青山宛のすべての手紙が押収され、検挙となった。松本国雄という同人も検挙対象になったが、本人は軍隊に入隊中であった。特高は仲に拷問を加え、プロレタリア作家同盟再建のために活動した、という手記を書かせた。敗戦後の9月17日、「拘置不必要」という一通の書面を示されて、釈放された。

農業問題研究者の桜井武雄が、「左翼容疑の啓蒙活動」を行なっている、として、四四年10月21日に検挙された。中央公論グループの沢赳の線からである。農業問題に関心をもつ編集者として、沢は桜井宅を度々訪問、桜井も沢を信頼するという関係であった（この信頼は事件後も、沢が亡くなるまでつづいていたようである）。

3　捏造の上に捏造

❖無限拡大の可能性

以上のように、特高は目星をつけた人物を検挙、その同僚、友人を検挙、さらにその知人……というふうに芋ヅル式に検挙の輪を拡大、捕らえた人に拷問を加え、自分たちが描いた構図に合わせた「自白」を強制して、事件を捏造していった。

特高や裁判官は、泊グループの会議後の活動として、細川の後継者にと名和統一大阪商大教授に着目、名和の上京を機会に、四二年11月、四三年1月の二度にわたって折衝した、といって犯罪事実の一つとしている（細川・相川、西尾、木村予審終結決定書、西沢判決書）。その後、名和は四三年3月15日、大阪府警に検挙され、つづく上林貞治郎大阪商大教授らや学生の大量検挙（八十数名）とともに、「大阪商大事件(10)」の被害者となった。この大阪商大の事件がなければ、横浜事件は大阪にも拡大されたかもしれない。

朝日新聞社の酒井は、同社の緒方竹虎、佐々弘雄、嘉治隆一、笠信太郎、益田豊彦（直彦の実兄）、千葉雄次郎らの言動について、執拗に訊問されたという。敗戦がなければ、事件は朝日新聞に及んだかもしれない。

西沢は大阪毎日新聞の前芝確三について訊問され、拷問をうけた。相川は細川の友人、情報局嘱託の奥野七郎についての手記を書かされた。

鈴木東民は、一九二六～三四年、フリー・ジャーナリストとしてドイツで活動、帰国後、反ナチの姿勢を保ったまま読売新聞外報部次長、論説委員となった（四〇年）。四四年9月22日、鈴木は磯子署に召喚された。『改造』の小林英三郎との関係に目をつけられたのだった。鈴木は三四年、四一年に『改造』に執筆しているが、四二年、細川論文後半掲載の九月号につづく一〇月号に、「独ソ戦争と西亜の風雲――世界戦局展望」を執筆していた。取調べには柄沢六治警部補（後出）が当たった。高橋雄材論説主幹が当局と折衝、休職処分、本人の執筆停止、東京退去で起訴猶予となった（11）。

☒泊事件を中核とする新たな虚構へ

一つの事件から次の事件へと事件を拡大していった特高は、さらに諸事件を関連づけ、全体を一つの大事件に仕立て上げようとしていた様子がうかがわれる。荻野富士夫氏は次のように指摘する。

「四四年一月の警察部長会議における警保局保安課の説明『治安状況に於て《（ママ）》』では」……『細川グループの関係者は、共産党の再建を企図して、自己に接近する之等の左翼グループを漸次其の傘下に納めようとしていた』と『共産党再建準備会』を主軸とする事件像にまとめあげようとしていくのである」。

そして「それには司法省も同調をしていた。四四年一月二六日の衆議院秘密会における司法省刑事局長池田克の説明『日本国内に於ける思想の実情に付て』では、共産党の再建・拡大強化を最近の『中心的な流れ』とみて、『細川嘉六を中心として、共産党の組織の再建準備運動が行はれて居た』とする」。

さらに司法省「最近に於ける主要なる治安維持法事件」（四四年4月30日）では諸事件が「日本共産党再建準備会関係」として一括されていることを例示し、「遅くとも四四年一月頃までを画期として各個別の事件は『横浜事件』へと収斂されはじめた」と結論づける(12)。

こうした見方の情報源である神奈川県特高の『特高月報』（44・8）は、「以上の如く、事件としては一応夫々《それぞれ》異れる部門に於ての活動にして、各個別々の事件として見るべきものなるが、実質的には相互の間に人的関連を有し居り、従て全体として一つの大きな組織としての存在たりしものと見るも断じて過言にあらず」と高言している。例示されている人的関係からみて「党再建準備会」が軸とされていく様子が読みとれる。

翌四五年になると、さらに一歩進めて泊事件の「党再建準備会」を「中核体」、他の諸事件グループを「外郭団体」と規定する文書が現われる。国立公文書館所蔵の米返還文書中の横浜事件関係文書に、二通の手書き謄写版文書がある。一通は二ページ、他の一通は一六ページ、いずれも前後を欠き、したがって表題、作成者は不明。仮に前者を文書A、後者を文書Bと呼ぶ。後者について荻野富士夫氏は「横浜事件関係者一斉検挙の経緯」と「仮題」を付されているが[13]、内容的にはその通りで、記述から四五年2月頃の文書と推定できる。文書Aは、某々ら（欠落のため不明）は、かねて共産主義活動をつづけてきたが、「今次中核体タル」と書いて、行をかえ、「日本共産党再建準備会」と記し、再び行をかえて、「ノ結成ヲ見ルヤ、急遽社内共産主義分子ヲ糾合結集ニ努ムルノ外……」とつづけている。

文書Bの最初のページには、「本事件ノ重要性並ニ共産主義運動取締上示唆スル所蓋《けだ》シ少ナカラザルモノアリト信ズルガ、一応其ノ外郭的諸集団ノ主ナルモノノ性格特徴ヲ概述スベシ（図表参照）[14]」（傍点・引用者）とのべ、（1）米国共産党員事件から説明を始めている。以下、記述される事件の順序は『特高月報』（44・8）の通りであるが、三番目の「細川嘉六を中心とする所謂党再建準備会」は記述されない。これは党再建準備会を中核体にすえ、他を外郭的諸団体と位置づけ直したからである。

先述のように『特高月報』（44・8）は、これら諸集団を一つの大組織といっても過言ではない、とのべていたが、B文書では「其ノ人的関連ヲ通シテ党再建準備会ヲ中核トシテ、極メテ強力巧妙ニ結集シ、近来稀レニ見ル一大組織ヲ形成シ、其ノ信念ノ強靭ナルコト、戦略戦術ノ巧緻ナルコト、真ニ戦慄スベキモノアリ」とのべる。そして、諸事件を通じて重視すべき諸事項を並べ、「結語」において、一大組織をつきとめ、「茲《ここ》ニ別添図表(15)ノ如ク事件ノ全貌ヲ明確ナラシメ得タルモノナリ」と言い、多大の困難を突破して成果をあげた、と自画自賛している。

『特高月報』（44・8）では「ソ連事情調査会事件」と称していたが、B文書では「ソ連委員会事件」と言いかえられ、西沢判決もソ連委員会を犯罪事実の一つにしている。

要するに、四四年から四五年にかけ、十指に余る捏造事件を泊会議を中核体とする一大組織の犯罪であったと捏造度を高めたのであったが、泊事件判決においてその泊会議が完全消滅したことは、横浜事件を構成するすべての諸事件が巨大な虚構であることを実証する結果となった。

4　恥ずべき判決の集積——「犯罪事実」はすべて幻

☒拷問特高の告発

一九四五年11月13日、横浜事件被害者の会、「笹下会《ささげ》」が発足した（横浜市の南東部の横浜拘置所の所在地名にちなむ）。拷問特高の告発が目的である。細川を代表とする三三名が、二八名の特高を告発した（四七年4月27日）。拷問の指揮をとった松下英太郎警部、柄沢六治警部補、森川清造警部補の有罪が最高裁で確定した（五二年4月24日）。特別公務員暴行傷害罪で、松下は一年六ヵ月、柄沢・森川は一年の懲役（ただし、同年5月の講和恩赦で服役しなかった）。

☒拷問→「自白」→調書

特高告発の際、各人が提出した口述書（『ドキュメント横浜事件』に全32編を収録）には、拷問の状況が記されているが、凄惨、眼をおおうばかりである。何人ものひとが、特高が〝小林多喜二がどうして死んだか知っているか〟と叫びつつ、テロを加えたと記している。小林多喜二虐殺は、彼らの汚点ではなく栄光のシンボルであったようだ。その虐殺直後の遺体写真をみると、変色した両大腿部が異様に腫張している。横浜事件被害者に対し、木刀、竹刀《しない》、ロープ等々の器具を使って全身いたる所を痛めつけたが、とくに大腿部は狙い所であったらしい。すべての人が歩行不能になった。特高有罪の証拠となったのは、益田の大腿部傷跡と保存していたカサブタである。

拷問を加えて「犯罪事実」を「自白」させ、筋書きに沿った手記を書かせた。気に入らぬと何度も書き直させ、他人の「自白」手記を写させ、特高自らが加筆したり、書き下ろしたりした。その手記をもとに一問一答式の警察官訊問調書がつくられる。

調書をもとに検事取調べとなるが、否認は許されない（〝もう一度警察で調べ直すか〟と脅迫）。ついで予審となるが、予審判事は警察調書、検事の公訴事実の正当化に終始する。

■「予審終結決定書」のコピーとしての判決

敗戦前後に行なわれた形式裁判の判決書は、予審終結決定書の丸写しであった。第二次、四次再審裁判の請求人となった小野康人のケースでは、判決は予審終結決定書から泊会議の項目を削除し、あとは一言一句の相違もない。同じ事件の被告である西沢への判決書でも「泊会議」のみ消滅している。しかし幾つかの共通の「犯罪事実」は、細川・相川の予審終結決定、西尾の予審終結決定書と照合してみると、同一文言で記述されている。要するに特高がつくり上げた幻の「犯罪事実」の追認・公認作業が裁判所の仕事であった、というほかない。

横浜事件におけるすべての有罪判決の証拠は、「被告人ノ当公廷ニ於ケル供述」（実際には被告の発言のチャンスは殆どなかった）、警察官訊問調書、予審訊問調書等で、その根拠は「自白」しかないから、自白が拷問によってなされたと認定されれば、有罪判決はその時点で有効性を失う。さらに念を入れて今日残存する若干の被告人手記、予審終結決定書と判決書を比較対照すれば、有罪判決の乱暴さ、無責任さ（犯罪的）が明らかとなる。

そこでここでは、西沢判決と和田判決について検討してみよう。その場合、細川嘉六の警察調書（世田谷署）と予審調書（東京地裁、横浜地裁）が判断の手がかりとなる。細川は世田谷署では官憲の暴行をうけているが、横浜ではうけていない。持ち前の剛直さもあって全面否認をつづけ、徹底抗戦ぶりは見事なまでである。

☒西沢、和田判決を見る

同じ満鉄グループの西尾予審終結決定書から推定される西沢の「犯罪事実」は、三段階として示されていたはずである。①平館、西尾と共産主義グループ＝満鉄グループを形成し、細川グループとの合体をはかる。②細川グループと合体しての「泊会議」。③会議以後の行動。

ところが判決は中核となる②を削除したまま、①と③をそのままつないだものだから、支離滅裂の論理になっている。

つまり、①において、満鉄グループと細川グループ合体への策動として、ほぼ同一メンバーがたびたび顔を合わせたことが例示されるが、それは壮行会（西沢のフィンランド派遣、新井の北支への出発)、目黒の料亭での親睦会である。目黒の親睦会について、細川調書と相川手記(43・9)を照合すると、共産主義者としての会合ではなく、正真正銘の親睦会であったことが明らかである。

③の行動の一つとして、四二年7月10日頃の細川論文掲載対策会議(先述)があげられている。同論文を『改造』八月号に掲載することの可否と検閲対策を合議した、というのだ。相川調書を「読み聞」かせながらの訊問に、細川は掲載可否の相談などしたことがない、検閲などは編集部まかせだから相談の事実など全くない、と答えている。細川調書のほうが真実である(16)。7月25日に発売される雑誌に、該論文を掲載することの可否を7月10日に部外で議論するなど、一〇〇パーセントあり得ない話である。検閲対策、すなわち編集部による自己検閲等は、内務省検閲時代から戦後の占領軍GHQ検閲に至るまで、編集者の平常業務であっていちいち会議を行なう事柄ではない。陸軍報道部から検閲の手ぬかりときめつけられたことがトラウマになり、特高は相川手記(43・9)に、編集会議で検閲に提出しないことにした、と書かせ、特高月報(44・8)には「事前検閲に出すことは却《かえ》って注意を惹くべき事を惧《おそ》れて之を避け」たと記述した。しかし、密室で行なわれたわけではない検閲はかくし通すわけにはいかないから、検閲通過は7月10日会議の成果としたのであろう。

次に、和田判決について見てみよう。実刑を言い渡され、獄中で亡くなった政治経済研究会事件の和田の判決における「犯罪事実」は、①『中央公論』編集者として、喫茶店で木村、浅石と、共産主義者の小池基之、橘樸《しらき》、除村吉太郎に執筆させることを相談、除村執筆を畑中編集長に提起、小池、橘に執筆依頼をしたこと等、②政治経済研究会の研究会に、四二年12月初旬と17日、四三年1月7日、三回出席したこと（同年1月上旬脱会）の二つである。

②の研究会へ三回出席が犯罪とされるのも驚きだが、①にいたってはあいた口はふさがらず、怒りをおぼえる。調べてみると、和田が編集部に在籍中の『中央公論』の毎月の目次には、右三名の論文や記事は影も形もない。つまり掲載された形跡はないのである。編集者が編集企画について同僚乃至編集長と相談するのは当然の行為であり、右三名への執筆依頼を相談したかもしれないし、しなかったかもしれない。しかし、掲載の事実はない。全くの幻なのである。和田は全くの幻を理由に有罪を宣告され、獄死に追いやられたのである。その無法・非道には言葉がない。

これらの例が示すように、横浜事件におけるすべての判決は、無責任、反正義の日本裁判史上「恥ずべき」判決の集積なのである。

5　反戦思想・言論の根だやしをねらった「思想戦」

☒特高の事件総括

『特高月報』（44・8）はいわば事件の中間総括として、今回の検挙は他に類例のない大事件であるが、なかんずく

「（1）国家機密の外国への漏洩を未然に防止し得たること

（2）中央公論社、改造社内の永年に亘る不逞活動を究明剔抉して、遂に之を廃業に立至らしめ、戦時下国民の思想指導上偉大な貢献を為し得たること、は特筆すべき事項なり」

と自画自賛している。

日中戦争から太平洋戦争をたたかう指導理念とされたのは、「大東亜共栄圏」と「国防国家」である。後者はすべての国民と物資を一元的に組織・統制して戦争を遂行する体制（軍国ファシズム）である。この二つの理念を結ぶのが日本主義国体論＝「皇道」思想であった。この関係を示すものとして、四二年2月17日の「臨時思想実務家（思想関係の裁判官、検事）会同」におけ

る池田克・司法省刑事局長の訓示中(17)の言葉をあげよう。

――（一）「戦争目的達成の為には、軍官民渾然一体と為《な》り、堅忍不抜の精神を以て一路邁進《まいしん》致しますと共に、益々国体観念を明徴にし、東亜の諸民族をして皇道に浴せしめ、帝国を盟主として……（の）観念に徹せしめねばなら」ず、「大東亜戦争は、究極するところ米英旧秩序の根幹を為す民主主義、個人主義、功利主義若《もしく》は営利主義思想を覆滅し、皇国の道義を世界に宣布せんとする一大思想戦に外ならぬ」「戦争の勝敗を決する最後の鍵は思想戦にある」といっても過言ではない。

国家統制への不満が増え、「延《ひい》ては厭戦及至は反戦的気運が醞醸《うんじょう》せられ」、不敬言動も漸増の趨勢があり……

（二）大東亜戦争の意義は「諸民族をして遍《あまね》く皇化に浴せしめ、各々其の所を得せしむるにある」のだから、「大東亜戦争を以て自由主義思想に基く所謂民族解放又は民族自決運動に利用せんとする動き」には特に注意を要する――（以上の引用中（一）（二）は引用者が付したもの）。

国防国家の治安体制として、四一年3月、新治安維持法というべき同法の大改正、国防保安法の制定、12月、言論、出版、集会、結社等臨時取締法の制定、また軍機保護法や刑法の改正が行なわれた。

国防国家の思想戦の一つは、国防思想＝防諜である。この頃、街角には「壁に耳あり」等のポスターが貼られていた。池田訓示ののち四二年5月16日、司法省は大がかりな「国際諜報団」検挙を発表した（ゾルゲ事件）。神奈川県警は外国通報の企図事件を捏造し、警視庁の「大手柄」に張り合ったのであろう。

池田訓示の（一）は、皇道思想以外のあらゆる思想――共産主義、社会主義は論外として――の覆滅、戦争遂行の障害となる反戦思想の根絶を指示するものである。（二）は、それから半年後、陸軍報道部が細川論文に対して行なった言いがかりと全く同趣旨である。

このような訓示に呼応して、特高は「姿なきものを発見し、声なき処に之を聴きとる処の鋭敏な執行感覚[18]」を発揮した。その際「特高警察官は……超法律的な事をしなければならない場合が多い。法律に依ってやる事であるならば之は誰でも出来て難しくもない。法律を超越してやって行かねばならん」「使命[19]」（傍点・引用者）があると激励されて、拷問ほかの無法行為を重ねたのである。

その際、治安維持法が希代《きたい》の悪法であるゆえんの一つ、目的遂行罪がフルに活用された。予審終結決定書や判決において、誰それと誰それが会話した場合や、壮行会や懇親会をひらいたことを共産主義活動とするのだが、その場合、必ず「同志的結合ノ強化並ニ相互ノ意識ノ昂揚ヲ図リテ」といった紋切り型のフレーズが付されるのである。一見、彼らが断定する共産主義活動をおどろおどろしいものにみせるための修飾句にみえるが、そうではない。目星をつけた人間の友人との会話自体が、すべて相互の意識の昂揚をはかって同志的結合を固め、共産党及びコミンテルンの目的遂行の為にする行為、すなわち目的遂行罪なのである。横浜事件の拷問特高警部補は、事件後七〇年ほどの今日においても、「当時の法律では自分の思想をだな、お互い話し合う、啓蒙し合うことが犯罪なんだから」と、検挙を合理化し、恥じるところがない(20)。

■ねらいは反戦思想の根絶

横浜事件は冤罪事件である。だが、捏造や冤罪性を強調するあまり、全く白紙の無思想の人びとが弾圧をうけたのだと理解してはならない。検閲を通過した論文に言いがかりをつけた陸軍軍人の横暴を非難するあまり、細川論文を月並みな国策論文とみるのは誤りである。細川論文は一部「奴隷の言葉」をも用いながら検閲をかいくぐった日本軍国主義の民族政策批判の論文であり、その根底には戦争批判がある。発売後直ちに、読者の好意ある大反響を呼んだのはそのためである。

平館は細川論文掲載の『改造』八月号の前号、七月号に「民族政策の二類型」を寄稿しているが、細川論文と同様の視点であり、平館自身「同様の発想」で書いた(21)、と述べている。また川田は在米時代の反戦活動の経歴をもつが、検挙された世界経済調査会、満鉄調査部の研究者たちは、みな戦争批判の眼をもつ人びとであった。

獄死した浅石、和田は、共に「撃ちてし已《や》まむ事件[22]」の折の『中央公論』畑中編集部の部員であった。ほかに検挙された中央公論社、改造社、日本評論社の編集者たちは、常に陸軍軍人から罵られる存在であったし、岩波、東洋経済新報の編集者も同じである。

浅石、和田が参加した政治経済研究会のメンバーは、先述したとおり、太平洋戦争の現状と敗戦への成行きを、批判的に分析していたグループであった。

以上のようにみると、横浜事件とは反戦・反軍・厭戦の思想・言論を根だやしにするための大弾圧事件であった。

■中央公論社、改造社への解散命令

四四年7月10日、内閣情報局第二部長・橋本政実は、中央公論社、改造社の代表を呼びつけ、「戦時下国民の思想指導上許しがたいものがある」という理由で、両社の自発的廃業を「慫慂《しょうよう》」した。内閣情報局は絶対的な権力を持つ。これが解散命令であったことは明らかである。

そしてこの命令が東条内閣の閣議を経たものであることは、閣議の様子を伝える情報や、翌11日の安藤紀三郎内相の談話、「戦争遂行の邪魔になる反戦、厭戦思想の拠点になるからだ」で明らかである[23]。

この措置に至るのに、唐沢俊樹内務次官の采配があり、町村金五警保局長、今井久保安課長、

村田五郎情報局次長、橋本第二部長、久井忠雄出版課長、金井元彦検閲課長らが策動、村田から天羽英二情報局総裁をへて閣議上程となった、といわれる(24)。

神奈川特高の暴走の背後に、内務省、司法省、情報局の追認、あるいは激励があり、それがやがて東条内閣の閣議決定を生み出したのである。戦後復刊した『改造』誌が、その「復刊の辞」を「我社は昭和十九年六《(ママ)》月、東条内閣の為に毒殺閉鎖されて今日に至った」と書き出したのは、ゆえなきことではない。

横浜事件の背景として、平沼騏一郎につながる唐沢俊樹が、腹心の近藤壌太郎神奈川県知事、平城国義特高課長を動かして画策した近衛勢力打倒の政治陰謀があったという説がある。細川と親しかった風見章（元近衛内閣書記官長、法相。検挙された人びとは、いずれも風見との関係を訊問されている）の線を考えれば、うなずける説である。いずれにせよ、横浜事件は、東条内閣から神奈川特高にいたるまでが遂行した「思想戦」の産物であり、総ぐるみの国家犯罪であった、といわねばならない。

6　未決の「戦争責任」、「歴史のけじめ」を求めた再審請求運動

■その後の特高、権力に返り咲いた内務・司法官僚

神奈川県警の特高幹部は、事件を通じ、それぞれ出世した。平城国義・特高課長は島根県警察部長に栄転（四四年6月。四五年8月時点では情報局情報官）。拷問の指揮者の松下英太郎警部は警視となり、寿《ことぶき》警察署署長（四五年4月）、のち藤沢署署長。柄沢六治警部補は警部に昇進した(25)。

松下と柄沢、森川は、被害者たちによる告発（四七年。前出）の際、複数の何人もの被害者から名ざしで、その残虐行為を具体的に生々しく告発された人物だった。

松下は戦後、東京・新橋でとんかつ屋「牡丹」を経営していた。一九七五年、NET番組「ドキュメント・昭和」に、中央公論の畑中、木村、青木（青地）、改造の青山、政治経済研究会事件の高木が、レポーターの小中陽太郎とともに出席した。それがきっかけで、青山、高木、青木、小中が松下と対面した。小中が川田定子の拷問の口述書を読み上げて迫ったが、松下は「まさか

そんなことはしないだろう。遠い昔のことでたいてい忘れてしまった」と白ばくれた(26)。二〇〇六年2月、インタビューに応じた元警部補(92)は、暴行事実は完全に否定をし、検挙は適正に法律に則したものとのべ、〝おれ達は時代に翻弄された〟と自らが被害者のように語っている(27)。

有罪判決を準備した石川勲蔵予審判事も、判決に当たった八並達雄判事も、インタビューでは、公正に審理したと答え、陪席判事も何ごとも語らず世を去った(28)。

今日、冤罪であり国家犯罪であることが明白なこの事件に関し、当時、責任ある立場にあった者の中で、少しでも反省の意を表わした者は、平櫛元少佐のみ、といっていい(29)。

反戦思想掃滅の訓示を行ない（前出）、衆議院の秘密会（四四年1月26日）で、細川を中心とする党再建準備会事件を報告した司法省刑事局長の池田克は、戦後の一時期、公職追放となるが、間もなく五四年11月、最高裁判事となった（六三年まで）。松川事件では有罪＝死刑を支持した少数意見の一人であり、公務員スト権否認の中心人物である。

横浜事件たけなわの時期、中央公論社、改造社廃業命令のときの内務次官、唐沢俊樹は、戦後、衆議院議員となり、岸内閣の法相をつとめた。警保局長であった町村金五は参議院議員となり、田中内閣の自治相、国家公安委員長、北海道開発庁長官となった。保安課長、検閲課長であった金井元彦は兵庫県知事、のち参議院議員となった。金井の後任知事となった坂井時忠は、事件当時、検閲課雑誌担当主任であった(30)。

◪「歴史の決着」を求めて

先にのべたように横浜事件の一連の判決は、「恥ずべき判決」の集積であった。横浜事件それ自体は、驚くべき人権侵害の巨大な集積であった。だから八六年に提起された再審請求運動が人権回復運動であったことはいうまでもない。しかし運動の意義はそれに止まるものではない。

治安維持法は近代日本の戦争遂行の上で猛威をふるった。四一年成立の新治安維持法は、国家総力戦に不可欠の「思想統制」を推進するものであり、いわゆる「思想戦」の武器であった。横浜事件における巨大な人権侵害の集積は、「戦争責任」を伴う国家犯罪であった。その意味で、再審請求運動は、未決の戦争責任・国家責任を問う、「歴史の決着」を求める運動となったのである。

八六年の第一次再審請求に際し、八名の申立人は、治安維持法の再来というべき国家秘密法案阻止が申立理由の重要な動機と口ぐちにのべているが、畑中はまた次のようにいっている。

「……名誉回復とか、長期不法拘禁や拷問にたいする補償要求といった、いわば個人的側面もさることながら」、この事件が「戦時下、軍部官僚の共謀にもとづいて仕組まれた国家犯罪の典型的事例」であったことを明らかにし、「歴史的黒白、けじめ」を解明することにいっそう大きい意義がある(31)、と。

今日の裁判所にとって、再審請求は過去の「恥ずべき判決」の集積を取り消し、「歴史のけじめ」をつけるべき絶好のチャンスであったはずである。にもかかわらず、記録焼却というこれまた恥ずべき証拠湮滅《いんめつ》行為があったことを理由に「一件記録の不存在」の一点張り等で門前払いし、恥ずべき行為の上塗りを行なったのであった（第三次請求における中川武隆・東京高裁裁判長は除いて）。その後、せっかく開始された再審においても、免訴判決をくりかえし、責任解明につながる実体審理を回避しつづけた。最高裁は、過去の不正、不義の判決を取り消し、正義を復活させるという「名誉」に三度（第一次〜第三次）とも背を向けたのである。

この点で第四次再審請求に対する再審開始決定（〇八年10月31日）、再審公判判決（〇九年3月30日）、刑事補償審の決定（一〇年2月4日）において、大島隆明・横浜地方裁判所裁判長は、日本の司法の「名誉」を再審裁判の最終盤でようやく保ったといっていい。この判決をつうじて❶拷問という官憲の暴行、❷それによる「泊会議」の捏造、❸それらを追認し、やっつけ裁判での処理という事実と責任が認定され、敗戦時の記録焼却を理由の門前払いは、裁判所のとるべき姿勢ではないと批判し、「無罪」と補償の告示が官報および新聞に掲載されたのであった。

第三次の再審公判と同様、第四次における判決も免訴ではあったが、第三次の刑事補償決定と合わせ、大島裁判長による決定・判決は一つの歴史のけじめをつけたものである。

だが、この無罪決定と補償をうけた人は五名である。浅石、和田、高橋、田中、西尾ら獄死者を含め六〇名を超す被害者については未決のままである。

そしてさらに、なお数多くの治安維持法被害者が無補償のまま存在する。治安維持法検挙者は官庁統計でも一〇万人に近い。朝鮮、満州、台湾でも適用され、その残虐度はいっそうはなはだしいものだった。治安維持法が悪法であったことを認める宣言、その上に立った全被害者への謝罪と補償、国による全犠牲者の調査・公表を求める治安維持法犠牲者国家賠償要求同盟（六八年結成）の要求(32)などが実現されねばならない。

「ドイツ民族の名において、一九三三年から一九四五年にかけて、ナチス司法によって不当な被害を受けた人々を追悼する」（トリール裁判官アカデミーの碑）

ドイツ司法は、六〇年代の司法改革において、ナチス司法への反省を深めた(33)。一九九八年3月、連邦議会は「ナチス不当判決取消法」を成立させ、二度にわたる改正（〇二年、〇九年）をへて、包括的名誉回復法として完成させた。

スペインでは、市民戦争（内戦）及びフランコ独裁時代（一九七五年の死去まで）における政治的・思想的理由によるすべての刑罰、制裁の根本的不当性を認める（第二条）「歴史の記憶に関する法律(34)」（略称）が、〇七年12月に成立した。

歴史的罪過は、事実を歪めることなく伝えられ、決着をつけられ、記憶されていかねばならない。戦争や不正と闘った人々は顕彰され、記憶されていかねばならない。そうしてこそ歴史は進歩し得るのである。二四年にわたった横浜事件再審運動は、歴史を記憶し、決着を求める運動であった。それゆえに、本書とあわせ『全記録：横浜事件・再審裁判』『ドキュメント横浜事件』が出版に至ったのである。

［注］

本稿を書くに当たり多くの方の著書を参照したが、典拠表示はすべて「注」とした。ただし、中村智子『横浜事件の人びと』（田畑書店）と畑中繁雄『日本ファシズムの言論弾圧抄史』（高文研）は全般にわたって参照させていただいた。

（1）横浜事件関係の記事で決まって使われる写真。全員浴衣姿でどうみても旅行記念写真だが、特高はこれを党再建準備会の記念写真とした。撮影した西尾忠四郎はこの写真ほか多くの写真を焼き増しし、参加者に配った。ここに掲載したのは、小野康人の検挙の際に押収され、のちに貞夫人が特高資料室から取り戻したアルバムに貼ってあったもの。このアルバム（現存）には泊旅行のページがあり、海水浴など行楽風景が一〇枚ほど貼られており、その中の一枚にこの写真がある（一二八ページ写真）。第四次再審では、このアルバムを「新証拠」として提出、大島裁判長はこれを採用し、泊での会合が慰安会であったことの証明の一つとした。

（2）「泊会議」消滅の経緯をうかがわせるものとして、木村亨の次の記述がある。木村が自らの予審で主張をつづけていたところ、石川予審判事は、四五年8月20日すぎのある日、急に木村を呼び出して言った。「木村君、〝党再建〟のことは取り消すから、もうこのへんで妥協してくれないか」。木村亨『横浜事件の真相』（筑摩書房）。

（3）中沢護人は高木健次郎と森数男を結びつけた関係。研究会には参加していない。中沢護人『丹沢通信』第二号（97・11・1。私家版）。

（4）勝部元「わたしの『横浜事件』」（『運動史研究・3』（三一書房）。

（5）『特高月報』昭和十九年六月分。

（6）小林英夫・福井伸一『満鉄調査部事件の真相』（小学館）。

（7）加藤と布施については、山口正による足跡紹介がある。『横浜事件再審裁判を支援する会会報』第59号、60号。

（8）美作太郎・藤田親昌・渡辺潔『言論の敗北』（のち『横浜事件』〈日本エディタースクール出版部〉として再刊）には〝二五名の労働者が検挙された〟とのみ記述。畑中繁雄『日本ファシズムの言論弾圧抄史』（高文研）も二五名と記している。

（9）中村智子『戦争しない国』（思想の科学社）中の「同人雑誌『五月』の那珂孝平」にくわしい。

(10) 上林貞治郎『大阪商大事件の真相』(日本機関紙出版センター)。
(11) 鎌田慧『反骨　鈴木東民の生涯』(講談社文庫)。
(12) 荻野富士夫『多喜二の時代から見えてくるもの』(新日本出版社)中の「Ⅲ　横浜事件から見えてくるもの」。
(13) 荻野前掲書。この文書については、拙稿「横浜事件・原判決の信頼性ゼロの証明」『20C21C―マスコミ・ジャーナリズム論集』第11号(同人誌)がある。
(14) 前後欠落のため、図表はない。(8)の美作他著に、泊グループ、中公・改造グループのそれぞれ一人が、特高の机上でみたとし、記憶によって復元の表(泊グループで平館、西沢が欠落)を掲げている。畑中繁雄『日本ファシズムの言論弾圧抄史』はこれを引用し、夫人が類似のものを特高からみせられた、と記している。青山鉞治は『横浜事件』(希林書房)で、柄沢警部補の机上で組織図をみたことを記している。中村智子も『横浜事件の人びと』(田畑書店)で、佐藤静夫の未亡人が特高からみせられたことを記している。実在すれば、一つの大組織への捏造過程を示すものとなろう。
(15) 前同。
(16) 石川予審判事は、「取調請求書」によって、この協議が「七月下旬頃」に行なわれたか、と訊問している。下旬頃では掲載号発売(7月25日)の後に、掲載の可否を議論するというおよそ奇妙な話になる。事実を明らかにするのではなく、当局の想定を押しつけるという取調べの性格を示す一例である。森川金寿編『細川嘉六・獄中調書』(不二出版)。
(17) 荻野富士夫編『治安維持法関係資料集』(新日本出版社)。

(18)大阪府特高課「特高警察に於ける視察内偵戦術の研究」(四二年頃)。荻野前掲書。
(19)小林多喜二虐殺時の警視庁特高課長・毛利基が、佐賀警察部長時代(四二年)に特高幹部を集めて行なった特別講演。米原昶・風早八十二・塩田庄兵衛『特高黒書』(新日本出版社)。
(20)『毎日新聞』横浜版、二〇〇六年2月20日付。
(21)大崎平八郎編『回想の平館利雄』。また、同論文が細川論文とともに当局からマークされていたことが検出されている。荻野富士夫『横浜事件と治安維持法』(樹花舎)。
(22)一九四三年1月、陸軍報道部は、全雑誌の同年三月号の表紙に、陸軍記念日の標語「撃ちてし已まむ」を刷り込むよう要請した。『中央公論』(畑中繁雄編集長)一誌のみが従わなかった。陸軍は激怒、事態収拾のため、畑中編集部は解体させられた。畑中前掲書にくわしい。
(23)黒田秀俊『昭和言論史への証言』(弘文堂)。
(24)黒田秀俊『横浜事件』(学芸書林)。なお、黒田の著書では、『中央公論』『改造』を敵視する日本出版会や右翼評論家の動きが描かれている。
(25)前出(21)の荻野前掲書。
(26)青山鉞治『横浜事件』(希林書房)。
(27)前出(20)と同じ。有罪警官三人中の最年少の人物と年齢で推定される。
(28)中村智子『横浜事件の人びと』および『朝日新聞』二〇〇七年1月20日付。
(29)平櫛孝『大本営報道部』(図書出版社)。
(30)内務・司法官僚の戦後については、荻野富士夫『思想検事』(岩波新書)ほか前掲書、柳河瀬精『戦後の特高警察』(機関紙出版局)、小平克「『横浜事件』第四次再審請求が意図するもの」

（草稿）。

（31）『横浜事件・再審裁判を支援する会会報』第2号。

（32）国賠同盟は、七二年からこの趣旨に立つ立法要請署名運動を開始、二〇一〇年現在、八〇〇万筆に達した。毎年、衆参両院議員に提出、賛同議員は次第に増えている。

（33）木佐茂男・高見澤昭治『市民としての裁判官』（日本評論社）。

（34）「市民戦争および独裁の間に迫害または侵害を受けた者の権利を承認して救済手段を設けるための二〇〇七年12月26日法律第52号」。黒田清彦訳『南山法学』32巻1号（二〇〇八年）。全二二条、附則八。

Ⅱ　再審裁判への道と日本の裁判

第四次再審請求弁護団長　大川　隆司

一九八六（昭和61）年に始まる横浜事件の再審請求のたたかいには、そこからさらに四〇年をさかのぼる、長い「前史」がある。治安維持法の廃止とともにはじまる、その「前史」を抜きにしては、再審請求もありえなかった。本稿の目的は、この前史を含む長いたたかいの、ささやかな総括である。

1　治安維持法の廃止から特高警察官の告訴まで

一九四五（昭和20）年10月15日付で治安維持法は廃止され、二〇年間にわたる法律としての生命を終える。それから一ヵ月もたたない11月13日に、横浜事件の関係者が集まりを持った。

木村亨によれば、その日の模様は次のとおりであった。

「ぼくらが、細川さんを中心にして、神奈川県特高の暴行事件を共同で告発するために笹下《ささげ》会(引用者注・笹下は横浜拘置所・刑務所の所在地)を結成したのはその年の11月13日午前10時、丸の内の常盤家二階の大広間においてであった。会する者三〇余名。細川さんを座長として、そこには三輪寿壮弁護士も出席している。打合せ事項には『共同告発の件』とあるだけだが、当日幹事として七名の者が選出されている。その名前には、相川博、木村亨、西沢富夫、由田浩、板井庄作、渡辺公平、広瀬健一の名が上がっている。」(木村亨『横浜事件の真相』一九八二年、一三〇頁)

「11月13日」という日は、浅石晴世の命日だった。肺結核を患っていた浅石は、一九四四(昭和19)年11月14日に横浜拘置所内で死んだ。

浅石につづいて検挙され、同拘置所の同じ「三舎」に勾留されていた高木健次郎の記憶によれば、

「終戦の年の11月13日、世田谷区の正法寺で横浜事件犠牲者の追悼会が催された。浅石のお母さんも参会した。私は政経研究グループを代表した挨拶のなかで、浅石や和田の追悼文集をつく

る積りだと公言した。しかしその文集はとうとう出来ずじまいであった。」

という（笹下会編『横浜事件関係者追悼録』一九七七年、所収、高木健次郎「浅石晴世の想い出」）

同じ日に、「丸の内」と「世田谷」という別の場所で同じような顔ぶれによる会合が開かれた、ということは考えにくい。おそらくこの日は浅石の命日を期して、横浜事件犠牲者（浅石のほか獄死した和田喜太郎、高橋善雄、田中政雄と、瀕死の状態で保釈され程なく死んだ西尾忠四郎）全員を追悼する会が催され、特高告発へ向けた幹事が互選されたものであろう。木村の記憶は、その後の幹事会の集まりとの混同ではないかと思われる。

ちなみに五人の犠牲者が亡くなった日はつぎのとおりである。

田中	政雄	一九四四・5・4
高橋	善雄	〃・5・23
浅石	晴世	〃・11・13
和田	喜太郎	一九四五・2・7
西尾	忠四郎	〃・7・27

ともあれ、「笹下会幹事会」の名により、特高警察官の告訴手続に要する委任状用紙を同封し、それに署名捺印して弁護士のところに送付するよう求める「あいさつ」状が翌一九四六年12月16日付で「四〇余名の同志たち」に発送され、三三名の告訴人による告訴状が、各告訴人の自らが受けた拷問の実態を具体的かつリアルに述べた「口述書」を添えて、翌四七年4月27日付で横浜地方裁判所検事局あてに提出された。告訴代理人となったのは、海野普吉、三輪寿壮、清瀬三郎、豊田求の各弁護士であった。

この告訴時点で存命していた四四名の被検挙者のうち、告訴したのは三三人だから、告訴に踏み切らなかった人々が一一名いたわけであるが、その中の一人、小林勇（岩波書店）は、告訴手続への参加を誘われながら断った理由を著書の中でつぎのように述べている。

「拷問は確かにひどかった。けれども彼ら特高などは、拳骨のようなものであって、拷問させたのは誰だ。治安維持法を作ったのは誰だ。その根源を退治しなくては拳骨をなぐり返して見ても意味がない。しかも、自分たちをひどい目に合わせた司法の手に、その仲間のことを訴える。それは矛盾ではないか。そして俺は今、一分の時間も惜しんで働かねばならない。こう考えたのだった。」（小林勇『一本の道』）

小林が指摘するように、被告訴人はすべて特高警察官に限られていた。しかも、被告訴人二七名の階級（事件当時）別構成は、

警視　　　一名
警部　　　六名
警部補　一三名
巡査部長　六名
巡査　　　一名

であって、警視正（署長クラス）以上の者は含まれていない。まさに「拳骨をなぐり返す」だけの営みと評価するのも無理からぬものであった。

ちなみに、この告訴の申立がなされた直後の時点で、当時の自由法曹団は、「これを契機として、他の多くの事件が今後ぞくぞくと告発され、真に具体的に日本人の『人権宣言』の実があげられることを祖国の興亡に関する重大事として期待するものである」と主張しているが、事件の本質は、あくまで「軍閥警察官僚の最も暴虐な事件」と把握していた（一九四七年6月30日、木村前掲書一二三四頁より再引）。

2　特高警察官告訴事件のてんまつ

日本国憲法が施行されるのと同時（一九四七年5月3日）に、裁判所法、検察庁法が施行され、旧裁判所構成法に基づく「横浜地方裁判所検事局」という機関はなくなって、横浜地方検察庁が発足する。

この横浜地検で、大越検事ほか五名の検事が告訴事実の捜査にあたったが、起訴されたのは結局、告訴人益田直彦に対する傷害裁判に直接関与した

松下英太郎警部（当時、神奈川県警特別高等課左翼係長）
柄沢六治警部補（同、左翼係取調主任）
森川清造警部補（同、同右）

の三名だけであった。

以上の三名に対し、地裁、高裁ともに有罪判決を下したが、その判決が認定した犯罪事実は、

以下のとおり、一九四三年5月11日に逮捕された益田直彦に対し、この三名が翌5月12日から約一週間の間に行った拷問に限られる。

「被告人等三名は、……其の職務に従事中、昭和一八年五月一一日治安維持法違反事件の被疑者として検挙された益田直彦（当時世界経済調査員）の取調に際し、同人が被疑事実を認めなかったので、被告人等は其の他の司法警察官等と共謀して、同人に拷問を加えて自白させようと企て、同月一二日頃から約一週間位の間数回に亘って、神奈川県神奈川署の警部補宿直室に於て、益田直彦に対し或は頭髪を掴んで膝間に引き入れ、或は正座させた上手拳、竹刀のこわれたもの等で頭部、顔面、両腕、両大腿部等を乱打し、又は之により腫れ上がった両大腿部を靴下穿《ば》き（引用者注・靴穿きの書き間違いと思われる。他の口述書ではすべて靴穿き）の足で踏んだり揉んだりする等の暴行凌虐の行為を為し、よって益田の両腕に打撲傷、挫傷、両大腿部に打撲挫傷、化膿性膿症等を被らせ、就中両大腿部の化膿性膿症については其の後治癒まで数ヶ月を要さしめたのみならず、長く其の痕跡を残すに至らしめたものであ」る。（一九五一・3・28東京高裁判決）

この判決内容を、益田の口述書と比較すると、判決の認定事実がいかにおざなりで表面的なものであるかがわかる。

第一に、暴行が行なわれたのは検挙直後の一週間に限られない。

第二に、暴行とともに、「我々は貴様たち共産主義者は殺しても差支えないことになっているのだ」、「数日前も一人殺した」などという松下警部の脅迫が行なわれている。

また、拘置所に移管され（四四年4月）、検事の取調べを受けるようになった段階で、益田が否認に転じ、自白調書が拷問によって作成されたものであることを懸命に訴えても、伊東検事が「それではもう一度警察に帰って調べ直して貰うか？」と威嚇した事実や、同年7月にはじまった予審においても、石川勲予審判事が益田の訴えに一切耳を傾けなかった——など、口述書が指摘している事実は、（被害者たちによる告訴が検事や判事を被告訴人としていないという前提があるとは言え）一切判決には反映されていない。

それでも、横浜事件の中のごく一部の事実にあたる益田に対する傷害事件を有罪判決に持ち込むことができたのは、益田が両股に受けた傷跡が告訴時点以後もなお残っていたこと、神奈川署留置場の看守高橋弘らが拷問の事実を法廷で証言したことなどの事情によるものと思われる。

治安維持法下においては、特高警察官は無法状態の密室でほしいままの暴力によって自白を引き出し、容疑者を裁判にかけることができたが、戦後の特高警察官の刑事責任に関する審理は、当然のことながら、新憲法、新刑訴法に則り、「疑わしきは被告訴人の利益に」の原則を厳密に適用して進められた。自由法曹団の四七年6月30日付機関紙（前掲）は、この点をつぎのとおり指摘している。

「現実はなんと皮肉なものであろうか。新憲法の精神に則り、新しい法律の下に行なわれる告発に際しては、のっぴきならぬ証拠と証人のない限り、人権じゅうりん即ち拷問その他の犯罪事実を確証することはできず、虚偽の事件の捏造によってほうびを貰った卑劣な特高たちは、おそらく証人と証拠物件の不足をタテに事実を否定しようと試みるであろう。そしてそのような権利は今日卑劣な彼らにも許されているのであり、また許されて然るべきものなのである。」

こうして、元特高警察官たちは、弁護士三名が代理人となって、訴訟手続き上の防禦権を十分に行使したはずであるが、裁判所は、

「被告人らの行為は法治国に於て、戦時であると平時であるとを問わず堅く戒められている禁制を破ったものであるから、之を戦局苛烈な時期に於ける一場の悪夢に過ぎぬとして看過し去ることはできない。……被告人等に対しては酌量すべき一切の事情を充分考慮しても猶科するに実刑を以てすべき充分な理由がある」として

被告人　松下英太郎に対し　懲役一年六月
被告人　柄沢六治に対し　懲役一年

被告人　森川清造に対し　懲役一年

の各実刑を宣告した（東京高裁一九五一年3月28日判決）。

被告人らはいずれも上告したが、最高裁判所は翌五二年4月24日、上告棄却の判決を下し、上記東京高裁判決が確定した。

ところが、松下元警部らが実際に下獄することはなかった。敗戦後の日本が連合国の占領下から脱して「独立」を回復した対日平和条約（サンフランシスコ講和条約）の発効にともなう「大赦」を受けることができたからである。

このことは一九七八年9月になって中村智子が松下本人に確認し、翌年出版した『横浜事件の人びと』の中で、明らかにされた（初版、増補版共、二七六頁）。

3　横浜事件を記録する営み

笹下会が一九七七年6月に発行した『横浜事件関係者追悼録』のはしがきに、高木健次郎が次のように書いている。

「昨春2月13日、笹下会は東京谷中の全生庵で横浜事件の犠牲者ならびに物故者一一人の追悼会を催しました。導師を山田無文大和尚が、副導師を平井玄恭老師が勤めて下さいました。読経のあと、私どものうちの何人かがそれぞれ故人に対して追悼の言葉を述べました。参会者は三〇数名、このなかには遺族の方がたの姿も数名見られました。こうして、私どもは笹下会としてまるまる三〇年振りに、文字通り一堂に会したわけです。」

ここに、「まるまる三〇年振り」とあるのは、前述の一九四五年11月13日の追悼会から、七六年2月13日の追悼会までの期間を数えたものであろう。

この間、五二年の最高裁判決までは、元特高に対する共同告訴のたたかいがあったが、その後二〇数年間は「笹下会」としてのまとまった活動は行なわれなかったことがわかる。

なお、高木が「横浜事件の犠牲者ならびに物故者一一人」と言っている人々は、前述の「犠牲者」五名のほか、戦後二五年の間に物故したつぎの人々を指す。

相川　博	一九四八・6・4	没
加藤　政治	一九五五・8・2	〃
小野　康人	一九五九・1・5	〃
細川　嘉六	一九六二・12・2	〃

酒井　寅吉　一九六九・12・25〃
手嶋　正毅　一九七〇・8・13〃

しかし、この二〇数年間に、横浜事件に関する基本資料の収集が進行していた。

まずそれに着手したのは、海野普吉弁護士である。横浜事件の弁護人であり、特高警察官告訴事件の告訴代理人であった海野弁護士の晩年、松井康浩弁護士と潮見俊隆教授による海野弁護士に対するヒアリングが一九六七年3月から六八年5月にかけて行なわれ、雑誌『法律時報』の六八年1〜9月号にその記事が掲載された。これがまとめられ、『ある弁護士の歩み』として日本評論社から同年11月に刊行された。

海野弁護士は、このヒアリングに備えて、横浜地方検察庁に横浜事件の確定判決の謄本を請求したが、横浜地検が六七年5月2日に謄本を交付した判決書は、つぎの五名分だけであった。

① 小川　　修（判決宣告一九四五・7・31）
② 白石　芳夫（同右）
③ 小森田一記（判決宣告一九四五・9・4）
④ 小野　康人（判決宣告一九四五・9・15）
⑤ 西沢　富夫（同右）

横浜地検は海野弁護士への回答書の中で、「なお、その他の二〇名の分については、当庁が当時進駐軍に庁舎の一部を接収され、あるいはその他諸般の事情により、現在右原本が見当たりませんので御了承下さい」と記載した（『ある弁護士の歩み』一五四頁）。保管義務を課されている検察庁でありながら、まったくの他人事であった。

判決主文はいずれも、「懲役二年、執行猶予三年」というもので、担当裁判官は、①、②については八並達雄、影山勇、宅野茂夫の三名、③、④、⑤については八並達雄、若尾元、影山勇の三名であった。

海野普吉弁護士は、ヒアリング直後の六七年7月6日に亡くなり、同弁護士が収集した資料は高木健次郎（七一年まで立正大学教授、七二〜八四年、獨協大学教授）に引き渡された。その後七二年7月16日に「横浜の空襲を記録する会」が発足し、同会が横浜市（飛鳥田一雄が六三年2月、市長に就任）から業務委託を受けて、七四年1月14日に「横浜空襲・戦災誌編集委員会」（常任編集委員今井清一ほか）が発足した。前記「海野文書」は、高木健次郎から「横浜空襲・戦災誌編集委員会」の編集委員渡辺悦次（法政大学付属大原社会問題研究所嘱託）に引き継がれた。
その成果として『横浜の空襲と戦災Ⅰ――体験記編』がまとめられたが（七六・３・31）、その中に「体験記」が収録されているのは、横浜事件関係者としては高木健次郎だけで、高木は、四五年５月29日の横浜大空襲の日、拘置所の中にも「腹の底までひびくような爆撃編隊の爆音がうねりをなして聞こえてきた。……あとでわかったことだが、刑務所や拘置所が爆撃されても、囚人は未決、既決ともに釈放しないことが決定していたとかで、われわれの命は風前の灯であった。」と書いている。

この記録本体とは別に、「調査概報」が編集され、その第４集として『横浜事件関係資料』（七五年10月31日）が非売品として刊行されている。その内容はこの後七七年３月13日に笹下会が刊行した『横浜事件資料集』の内容と実質的に同一である。すなわち、横浜事件に関する資料は、「横浜大空襲」に関する記録活動の一環として、その命脈を保ったのであった。

この間の経緯については、高木健次郎が笹下会の『横浜事件資料集』の末尾に執筆した「資料の収集について」の一文に次の説明がある。

「横浜事件で摘発された諸グループのうち『政治経済研究会』（昭和塾関係）の旧メンバーの何人かのあいだで、この会の記録を作ろうという話が持ち上がったのは一九六七（昭和四二）年ごろであった。そこで私は海野法律事務所を訪ねて、事件の唯一の弁護人であった故海野普吉先生の所蔵していた関係文書（以下仮に海野文書といっておく）を同事務所の竹下弁護士から拝借してきた。其の後、記録の仕事はさまざまな事情でほとんど中絶状態にあったが、一九七三（昭和四八）年の末、『横浜の戦災と空襲を記録する会』に関与し、横浜事件の記録収集に熱意を示していた渡辺悦次君（現法政大学講師）に私は海野文書の一切を託した。」

資料集に収録されている資料に「昭和塾関係」のものが多い（「昭和塾関係日誌」、「昭和塾関係者名簿」、森数男に関する「司法警察官意見書」、口述書九点のうち昭和塾関係者が勝部元、山口謙三、高木健次郎の三名）ことについて、高木健次郎は「この資料集が昭和塾関係に偏っているという印象を与えかねないが、他意はない。今後、本資料集の第二冊、第三冊が出るようになれば、この偏りはおのずと是正されると思う。」と説明している。

第一次再審請求が申立てられた後、一九八六年に『増補復刻版横浜事件資料集』が刊行されたが（12月）、この中には、七七年版の資料集に含まれていなかった小川修、益田直彦、手島正毅、和田喜太郎の各判決と、木村亨、畑中繁雄の各予審終結決定が収録されている。これらのうち、益田、手島の各判決書は海野弁護士の請求時には「ない」とされていたにもかかわらず、横浜地検に保存されていた（すなわち、地検の記録調査がずさんであったことを示す）ものであり、和田判決は和田が服役した横浜刑務所にその謄本が残っていたものであった。

以上の記録集のほか、横浜事件で弾圧された人々の中には、雑誌『改造』や『中央公論』の編集者など出版人が多いこともあって、みずからの著書によって記録を残し、また社会にアピールすることも数多くなされた。

海野普吉『ある弁護士の歩み』（一九六八年11月）が刊行される前に、

一九五九年に美作太郎、藤田親昌、渡辺潔『言論の敗北――横浜事件の真実』（後に『横浜事件』と書名を変えてエディタースクール出版部から復刊）

一九六五年に畑中繁雄『覚書・昭和出版弾圧小史』（後に『日本ファシズムの言論弾圧抄史』として高文研から復刊）

一九六六年に青山憲三『横浜事件――元「改造」編集者の手記』などが、

また、その後も

一九七六年に水島治男『改造社の時代、戦中編』

一九八二年に木村亨『横浜事件の真相――つくられた「泊会議」』

一九八五年に美作太郎『戦前戦中を歩む――編集者として』

などが刊行されている。

一九七九年初版の中村智子『横浜事件の人びと』も、この時期の業績に数えられる（のち増補版）。

しかし、記録が残され、社会に対するメッセージが発せられるということと、事件の真相を明らかにするために再審請求を起こす、ということの間にはなお大きな距離があった。その距離を縮めたものは、第一に最高裁の決定（一九七五年）により「再審のハードル」が下がったということ、第二には国家秘密法の制定にむけての動きが推進された（一九八五年）、という二つの条件であったと思われる。

4　再審請求を促した要因

刑事訴訟法四三五条6号は、再審開始の要件として「無罪を言い渡すべき明らかな証拠」を求めている。ここにいう「明らかな証拠」についての従来の有力な解釈は、いわば当該証拠だけで無罪を明らかにすることができるような強力な証拠である必要があるとするものであった。

このような考え方を払拭し、通常の判決手続における「疑わしい時は被告人の利益に」考えるべしとする原則が再審手続にも適用され、「もし当の証拠が確定判決を下した裁判所の審理中に提出されていたとするならば、はたしてその確定判決においてされたような事実認定に到達したであろうか、という観点から当の証拠と他の全証拠とを総合的に評価して判断すべきである」との決定を、最高裁判所が一九七五年5月20日に下した。

これが、白鳥事件（一九五二年に札幌市警の白鳥警部が射殺された事件）の犯人として無期懲役を宣告された村上国治が行なった再審請求に対する最高裁の決定であって、世に「白鳥決定」と呼ばれるものである。

白鳥決定は、このような新たな法理を説いたものの、村上の請求自体に対しては再審を開始しなかった。しかしこの決定が示した新しい法理が、その後続々と再審への門を開き、確定判決による冤罪を明らかにすることになった。

弘前大学教授夫人殺し事件	再審開始確定	一九七六年7月13日
	無罪判決（仙台高裁）	一九七七年2月15日
青森老女殺し事件	再審開始確定	一九七六年10月30日
	無罪判決（青森地裁）	一九七八年7月31日
免田事件	再審開始確定	一九八〇年12月11日

無罪判決（熊本地裁八代支部）一九八三年7月15日

財田川事件
再審開始確定　一九八一年3月14日
無罪判決（高松地裁）一九八四年3月12日

松山事件
再審開始確定　一九八三年1月31日
無罪判決（仙台地裁）一九八四年7月11日

徳島ラジオ商殺し事件
再審開始確定　一九八三年3月12日
無罪判決（徳島地裁）一九八五年7月9日

このように「冤罪の証明」が相次ぐ一方で、一九八〇年代に入って中曽根内閣が登場するとともに、自民党内において「国家秘密法」制定へ向けての動きが活発化した。国民の反対の声が強かったため、政府は同法案を内閣法案とすることは断念したが、八五年6月6日、議員提出法案として「国家秘密に係るスパイ行為の防止に関する法律」案が上程された。その内容は、「外交、防衛上の国家機密事項」の漏洩やその未遂、ひいては機密事項の「察知、収集」それ自体を犯罪として禁止する、という広範な目的をかかげるものであった。

当時の全野党（社会、公明、民社、共産ほか）の反対により、同法案は八五年12月21日、国会の会期終了とともに廃案となったが、自民党ではすぐに修正法案を準備し、次の提出の機会をうかがった。

国家秘密法案の成立を阻止したのは、戦前の国防保安法や治安維持法のように広範で融通無碍《むげ》な犯罪構成要件が悪用されて、国民の表現の自由等が弾圧された歴史的経験を、二度とくり返してはならないという広範な国民世論があったためだった。その国民世論が、「横浜事件の再審請求」への追い風となった。


ちなみに、横浜事件被害者の一人、小野康人の妻・貞（一九九五年9月30日没）は、みずからが再審請求に加わった事情を、次のとおり明快に説明している。

「……一九八六（昭和六一）年早春、私は突然、被害者の一人である木村亨氏から、横浜事件の再審裁判についてのお電話をいただきました。木村氏のお話は、そのための資料を集めている、ということでとでした。

その年の6月、『国家秘密法（案）に反対する出版人の会』の人々によって『横浜事件を語り・聞く会』が開かれました。

私もお誘いを受け、東京・一ツ橋の日本教育会館でのその会に出席しました。

席上、一〇余名の当事者の方々のお話に深い感銘を受け、会の終了後、弁護士の森川金寿先生と木村亨氏から、再審請求に参加してほしいとの要請をいただいて、私もそのお仲間に入りました。

当時、国家秘密法案が、前年の国会でいったん廃案になった後、その修正案が準備されており、いつまた提出されるかわからないという状況にありました。国家秘密法は『スパイ防止のため』と宣伝されていましたが、その本質は戦前の軍機保護法、国防保安法、治安維持法を引き継ぐものにほかなりませんでした。

私の夫を含む横浜事件の被害者は、その『治安維持法』によって検挙され、拷問され、有罪判決を受けたのです。」（小野貞『横浜事件・三つの裁判』一〇～一一頁）

5　変わりゆく時代状況の中で

「第一次」から「第四次」までの、二四年間にわたる再審裁判（再審請求事件、再審公判および刑事補償請求から成る）の経過およびその争点の説明は、佐藤博史弁護士の詳しい報告が次章に用意されている。

筆者は、この二四年間に裁判所の中に生じた変化とその背景を大局的に把握してみたい。

「第一次」から「第四次」まで、再審請求事件を担当した裁判官はつぎつぎと代わった。しかし、裁判官の面前に置かれた資料中の基本的なものには変わりがない。検察庁にわずかに残されていた一部被告人に対する判決書、および海野弁護士や請求人の手もとに残され、後に「横浜の空襲を記録する会」に託された判決書、予審終結決定書、告訴状、口述書等は、四次にわたる再審請求に際して、つねにそれぞれの裁判官の前にあった。しかし、

（1）拷問の普遍性を認定するか否か（その前提として、拷問の目的をどう把えるか）という点についての考え方と、

（2）事件記録が存在しないという事実を被告の人権保障との関係でどう把えるか、という点について、「第一次」と、「第三次」ないし「第四次」の担当裁判官の判断はきわめて対照的である（「第二次」には、この問題が論点に含まれていないので、除外する）。

第一次再審請求における横浜地裁の一九八八年3月31日決定（和田決定）は、上記（2）の点について、「細川以外の訴訟記録が存在しない」という事実から、全請求人について「いまさら証拠資料を復元することは不可能」とし、ここから「原判決の有罪認定に合理的な疑いを抱かせるに足りる蓋然性の有無の判断は、およそ不可能である」という結論をただちに導いている。

この結論を前提にすれば、拷問の事実を認めたとしても、再審を開始すべし、ということにはならないことになる。しかも和田決定は、ごていねいにも（益田直彦に対する拷問は元特高警察官が受けた有罪判決で確認できるとは言え）、請求人等が「拷問を受けた事実の有無も確かめようがない」として、上記（1）の点についても否定的判断を下した。

この決定を受けて、請求人側はただちに抗告したが、その抗告審である東京高裁一九八八年12月16日決定（坂本決定）は、

（1）の拷問については「益田直彦に対してだけでなく、請求人に対しても拷問が行われたのではないかとの疑いを否定し去ることはできない」としつつも、請求人らからの、拷問の目的が（いかなる外形的行為であれ）「共産党の目的遂行のため」にそれをやった、という自白を取ることが目的であるからには、一件記録の有無にこだわるべきではない、という主張をしりぞけて、次のとおり判示した。

「所論は、一件記録によらなくても、原判決の証拠構造を客観的に推論することは可能であるとして、るる主張するが、（注・請求人である）小野が原判決の行為（注・共産党の目的遂行）をするに際し、所論の主観的意図を有していた事実のみに主眼を置いて原判決が同人及び相川博の各供述を採証したものとは、にわかに断定することができない。」

治安維持法の公訴事実については、「外形的行為」と「主観的意図」の双方の存在が立証されてはじめて有罪の認定が可能になるものである以上、後者（主観的意図）を自白させることが拷問の目的に含まれていることが認定できれば再審を開始するのに支障はないはずであるのに、坂本決定は「記録不存在」にこじつけて、不可知論に逃げこんだのであった。

第一次請求の上記各決定とは対照的に、第三次請求に対する東京高裁の二〇〇五年3月10日決定（中川決定）は、拷問によって求められる「自白」は、いかなる外形的行為にせよそれを「日本共産党の目的遂行のためにする意思」に基づいて行ったものである旨の自白である、ということを指摘し、従ってこの点に関する被告人の自白の信用性に顕著な疑いがあれば有罪の事実認定が揺らぐことになる、という理由で再審開始を決定した。

また、第四次請求に対する横浜地裁二〇〇八年10月31日決定（大島決定）は、一件記録の不存在という事実に対する裁判所の責任を正面から論じて、事件記録は、裁判所自身が「連合国との関係において不都合な事実を隠蔽しようとする意図で廃棄した可能性が高い」から、裁判所の責任においで、できる限り関係資料から合理的に記録内容を推知すべきであり、「記録のある場合に比し、請求人らに不利益にならないよう証拠の再現等に勤めるのが裁判所の責務である」と言い切った。

中川決定や大島決定のような考え方に立てば、外形的行為の認定に関する証拠構造の解明がなくても、拷問の事実が認められれば、有罪の認定はただちに揺らぐことになり、両決定はいずれも一九四七年の告訴状に添付された「口述書」の証明力を評価したのである（大島決定が、横浜事件の核心である「泊会議」〔特高が共産党再建準備会に仕立て上げた〕の目的・内容に関する認定という論点に関しても自白の信用性をテストしたことは中川決定にない重要な独自性を有しているが、その点についての評価は佐藤弁護士の報告に譲る）。

第一次の地裁（和田）、高裁（坂本）の各決定と第三次の高裁（中川）、第四次地裁（大島）の各決定とはかくも対極的である。その違いがどこから生じたのかという説明は、横浜事件再審裁判固有のフィールドの中だけでは得られない。この違いは、かつての治安維持法の時代（一九二五〜一九四五）の評価に関する国民の意識の変化という大きな状況に求めるべきものではないだろうか。

一方に国家秘密法の推進への動きがあれば、これに対して警鐘を鳴らすとりくみもなされ、司法も、それに対する判断を求められることになる。その典型的なものが、「靖国訴訟」すなわち靖国神社の恒例祭に地方自治体が玉串料を奉納する行為が憲法の政教分離原則に違反することを指摘する一連の訴訟であった。

一九九〇年代初頭の時点で高等裁判所の判断は二つに割れていた。違憲とする仙台高裁判決（一九九一年1月10日）と、合憲とする高松高裁判決（九二年5月12日）である。

この高松高裁判決（愛媛玉串料訴訟）に対する住民側の上告に答えたのが、最高裁一九九七年4月2日大法廷判決であった。

この最高裁大法廷判決は、13対2という大差で靖国神社に対する玉串料の奉納を公金で行うことを違憲としたものであるが、合憲説を代表する三好達裁判官（長官）が「世上、国家神道及び軍国主義の復活を懸念する声がある。……そのような危惧を抱くのは、短絡的との感を免れず、日本国民の良識を疑っているものといわざるを得ない」と述べているのに対し、法廷意見（多数意見）は、

「本件の玉串料等の奉納に儀礼的な意味合いがあることも否定できない。しかしながら、明治維新以降国家と神道が密接に結び付き種々の弊害を生じたことにかんがみ政教分離規定を設けるに至ったなど前記の憲法制定の経緯に照らせば、たとえ相当数の者がそれを望んでいるとしても、そのことゆえに、地方公共団体と特定の宗教とのかかわり合いが、相当とされる限度を超えないものとして憲法上許されることになるとはいえない。」

と述べて、これを違憲とした。

いわば、「憲法制定の経緯」はもう忘れてもよい、とする三好長官ほか一名に対し、他の一三名の裁判官が異議をとなえたわけである。

中でも尾崎行信裁判官は、違憲説の立場から多数意見に賛成したばかりでなく、次のように丁寧な個別の意見を述べている。

「今日の社会情勢では、昭和初期と異なり、もはや国家神道の復活などを期待するものもなく、その点に関する不安は杞憂に等しいといわれる。

しかし、我々が自らの歴史を振り返れば、そのように考えることの危険がいかに大きいかを示す実例を容易に見ることができる。人々は、大正末期、最も拡大された自由を享受する日々を過ごしていたが、その情勢はわずか数年にして国家の意図するままに一変し、信教の自由はもちろん、思想の自由、言論、出版の自由もことごとく制限、禁圧されて、有名無実となったのみか、生命身体の自由をも奪われたのである。『今日の滴《したた》る細流がたちまち荒れ狂う激流となる』との警句を身を以て体験したのは最近のことである。」

尾崎行雄（咢堂）の孫にあたる尾崎行信裁判官が、その意見の中で「国家の意図するままに」信教の自由、思想の自由、言論・出版の自由が禁圧された「最近のこと」とは、言うまでもなく治安維持法の時代のことである。

最高裁大法廷は、かつて津地鎮祭訴訟に対する判決（一九七七年7月13日）において、神式の地鎮祭を「一般人の意識においては、起工式にさしたる宗教的意義を認めず、建築着工に際しての慣習化した社会的儀礼として世俗的な行事と評価している」という理由で合憲と判断した（一三名の裁判官中八名がこの判断を支持した）。

それから二〇年の間に「憲法制定の経緯」あるいは治安維持法の時代の経験をふまえて、憲法問題に関する評価を行うべし、という司法の姿勢の変化が見られた。

横浜事件の再審裁判と靖国訴訟とは、互いに連携を取って運動を進めてきたわけでは勿論ない。しかし、客観的には一つの大きな流れをなす、すべての運動がこのような司法の姿勢の変化を引き出したものであるという視点を忘れたくないと思う。

本年5月30日以降、最高裁の三つの小法廷が、卒業式等において教職員に対し国旗掲揚・国家斉唱を義務づける職務命令を適法とする判決を下した。

一連の判決については、「判決に加わった一四人の裁判官のうちで二人が反対意見、七人が補足意見を付している点においても、あまり例を見ない。こうした個別意見は、最高裁各小法廷において熾烈な論争があったことを伺わせる。」にもかかわらず、「国民の意識の多元性に関する認識も、そうした多元性があった場合に個人の信条を本当に尊重できるかどうかに法秩序や国家そのものの正統性が依存している点の意識も、最高裁において十分に深まっていない。」との指摘がなされているが（西原博史「『君が代』不起立最高裁判決をどう見るか」『世界』二〇一一年9月号）、筆者も同感である。

多数意見を支持して、憲法論のレベルでは、職務命令の合憲性を認めつつ、「補足意見」においては「国旗及び国歌が、強制的にではなく、自発的な敬愛の対象となるような環境を整えることが何よりも重要である」という気持ちを吐露する（第二小法廷、千葉勝美裁判官）ような中間的態度は、「理不尽で強圧的な行政の後始末を押しつけられた司法の側の悲鳴」（朝日新聞二〇一一年6月28日夕刊、奥平康弘「君が代訴訟判決に補足意見花盛り」）と批評されるような、司法本来の姿からは離れた、不安定なスタンスである。

「治安維持法の時代」に対する記憶を司法の場において呼び覚ます、という課題はまだ達成されていない。

6　治安維持法とは何だったのか

再審請求とは、本質的には事実誤認の指摘である。たとえば「単なる酒宴に過ぎない集いが、日本共産党再建の謀議にでっちあげられた」とか、「民族自決権の尊重をアピールすることが共産主義的啓蒙と歪曲された」という主張がそれにあたる。

「治安維持法は憲法が保障する結社の自由、表現の自由を侵害するものであるから、違憲無効である」というような主張は、今日の日本国憲法の下でこそ展開することができるが、大日本帝国憲法（二九条）のように「日本臣民ハ法律ノ範囲内ニ於イテ言論著作印行集会及結社ノ自由ヲ有ス」という規定の下では、提起しようがない。

大日本帝国憲法の下でも、法令解釈のあり方をめぐる論争を展開することは、一般的には可能であるが、それぞれの確定判決に含まれる「法令解釈の誤り」は再審を開始する事由にはならない。つまり再審請求において治安維持法それ自体が悪法であった、という主張をストレートな形で展開する余地はないのである。

横浜地裁の刑事補償決定（二〇一〇年2月4日）は、事件当時の検察官の責任について、「起訴するにあたっては、証拠の信用性等につき慎重に吟味する必要があったのに、拷問等の事実を見過ごして起訴したという点には、少なくとも過失があった」と指摘し、また予審判事についても、「特高警察による拷問の事実等を見過ごしたまま小野らを公判に付したことにつき……少なくとも過失があった」と指摘し、さらに「慎重な審理をしようとしなかった裁判官にも過失があったと認めざるを得ない」としている。これらはいずれも再審制度のワクの中での問題提起、すなわち事実誤認に関しての責任を指摘したものであった。

もちろん、事実誤認によって冤罪を生むことの責任は、それ自体重大であり、従って横浜地裁の刑事補償決定が、「特高警察による思い込みの捜査から始まり、司法関係者による事件の追認によって完結した」過程における「警察検察及び裁判の各機関の過失は総じて見ると重大であった」と、司法界としての反省の弁を述べていることの意味も重大である。

この反省の弁を裁判所から引き出したことは、再審裁判闘争としてはこの上ない成果だったと思う。

しかし、今後われわれは、再審裁判では掬《すく》い上げることを予定していない司法の責任について、視野を広げる必要があろう。

それは、司法が法解釈を通じて弾圧対象を、いわば無限に拡大したことである。

たとえば、一九二八年の法改正により治安維持法に目的遂行罪（「結社の目的遂行のためにする行為を為したる者」を二年以上の有期懲役または禁錮に処する制度）が導入されたが、結社との組織関係や統制指揮なしに行われても同罪が成立する、と判示したのは大審院判決（一九三〇年11

月17日）であった。

また、立法時の議会に対する説明では、取締り対象は国体変革等の目的を直接追求する行為、すなわち「目的罪」であると説明して濫用の危険を否定していたにもかかわらず、行為が国体変革の目的によって行われたか、また国体変革目的と直接重要な関係があるか否かにかかわらず処罰できるとする解釈を樹立したのも大審院判決（一九三一年5月21日）であった。

このような判例を前提とすれば、検挙された者が「日本共産党とは関係がない」と言っても弁解にはならず、「客観的に見て国体変革などという大それた目的に直接結びつくような行為でない」という反論をしてもまた無力と言わざるを得ない。

つまり、「究極において」共産党の利益となりうる（と決めつける余地がある）行為で、行為者にそのような認識がある（その旨の自白が得られた）場合には、「治安維持法違反」で有罪とすることができる、ということを大審院が保障したのであった。

三宅正太郎判事が、「目的遂行行為が目的罪にあらずとの大審院の解釈によって、過激社会運動取締法案以来、政府の唯一の弁解であった奔放な適用に対する保障が手もなく除去されてしまった」と指摘しているとおりである（『警察研究』一九三三年7月号）。

司法がこのように法のハードルを下げた結果、治安維持法違反を理由とする被検挙者は、「内地」において一九二八〜四五年の間に六万八五〇八人（内務省発表）、朝鮮半島において一九三一〜四五年の間に二万五六三六人（朝鮮総督府発表）の多きに達した（合わせると九万四千人となる）。

特高警察が、誰かれの区別なく検挙した上で、ささいな外形的行為が「究極において共産党の利益となりうるとの認識はありました」と自白させれば、その人を罪に陥れることができる、という大状況の中でこそ、そのような自白を得るための拷問も多発したのである。

この点に加えて、治安維持法が朝鮮の独立を指向する運動、活動に対して猛威を振るったという事実が、もっともっと解明されなければならない。

「帝国領土の一部を統治権より離脱せしめんとするが如き（は）……国体の変革に外ならず」という解釈はもともと立法当局も明らかにしていた（一九二五年司法省刑事局『治安維持法解釈』）が、朝鮮高等法院判決（一九三〇年5月31日）が、同じ趣旨を判示してお墨付きを与えた。

治安維持法による被検挙者数は前述のとおりであるが、被検挙者の中で起訴された者の比率は、「内地」が約一〇％であるのに対し「朝鮮半島」では約三〇％にのぼる。そして「朝鮮半島」においては死刑判決も少なくない。

注目すべき事件として、横浜事件と同時期（一九四二年10月〜四三年3月）に「朝鮮語辞典」の編さん作業に従事した学者たちが民族独立運動を利する、と目されて治安維持法違反として一斉に検挙された事件がある。
三〇数名の被検挙者のうち一三名が起訴され、一審判決前に二名が獄死し、四五年1月に六名が実刑判決（最高懲役六年）、五名が執行猶予つきの一審判決を受けた。そして京城高等法院が上告棄却の判決を下した直後に、日本の敗戦により文字通り被告人たちが解放されたというのが事件の概要である（雑誌『韓』一九七七年9月号、金允経「ハングル学会ハングル運動の歴史」）。

共産党の指揮命令による行動とは言えない、市井の人々の普通の生活の営みといえるこのような行為を、公権力がほしいままに蹂躙、弾圧できたという事実は、治安維持法の時代における内地と朝鮮に共通するものであった。前述のとおり、官庁統計によってもあわせて一〇万人にせまる犠牲者の数の多さを思うとき、この問題にあらためて光をあてることが、どれだけの苦労を要することかは、想像を絶するものがある。

しかし、結局のところ（横浜大空襲を記録する作業の中で、横浜事件再審裁判の芽が育まれたように）、解決へのアプローチは記憶を記録することを通じてしかありえない。

韓国が、植民地時代の対日協力や軍事政権下の人権侵害について、「真相究明」を目的とする公的調査組織を設置して調査を現在すすめているのにならって、わが国にも、「治安維持法の時代」の真相究明を目的とする公的調査組織が設置されるべきであろう。

（文中敬称略）

Ⅲ　横浜事件の再審裁判は何を求め、何を勝ち取ったのか

――横浜事件第四次再審請求の意義

第二次、第四次請求弁護人　佐藤　博史

私の横浜事件との出会い

事件との出会いは、いつも偶然である。横浜事件のときもそうだった。

私が横浜事件の弁護人になったのは、第二次請求の特別抗告審が最高裁に係属中の一九九九（平成11）年10月のことである。その数か月前に、第二次請求弁護団から日本弁護士連合会（日弁連）人権擁護委員会に再審支援の申立があり、私が予備審査委員[1]として弁護団長の日下部《くさかべ》長作弁護士と面談したのだった。

私は横浜事件の予備審査委員を買って出た。一九四八（昭和23）年に島根に生まれ、広島で(2)中学と高校を過ごしたが、大学に入学した一九六七（昭和42）年以来、横浜に住み（今もそうである）、一九七四（昭和49）年に弁護士登録してすぐ破壊活動防止法違反事件（破防法裁判）の弁護人になり、治安維持法について法廷で論じたこともあって(3)、以前から横浜事件に強い関心を抱いていたからである(4)。

いや何よりも、私は、大学在学中の一九六九（昭和44）年1月に逮捕され（東大闘争秩父宮ラグビー場事件）、築地警察署に13日間留置・勾留されたことがあった。築地警察署は、「一九二八年三月十五日」(5)で特高警察の拷問を描いた小林多喜二が一九三三（昭和8）年2月20日に逮捕後わずか3時間の拷問で殺された場所である。私は自分の成人式の日を多喜二が殺された場所で多喜二のことを想いながら囚われの身で迎えたことに、自分の〝運命〟を感じた。しかも、私は、結婚して八年後の一九八一（昭和56）年からは横浜事件の犠牲者が収容された横浜刑務所がある笹下《ささげ》の近くに住んでいた。そうした意味でも横浜事件は私にとって旧知の事件だった。

私は、弁護士登録して以来、一貫して刑事弁護に携わってきた。しかし、「再審」に関与したのは、弁護士になって一〇年後の一九八四（昭和59）年に作家の伊佐千尋氏に誘われて広島の「山本老事件」に関わったのが最初である(6)。当時日弁連人権擁護委員会の再審部会に所属していたためでもある。以後、「島田事件」と「榎井村《えないむら》事件」の再審の弁護に携わり、いくつかの再審支援申立事件の調査に従事した。そうした弁護活動の中で、横浜事件の第二次再審請求と出会ったのである。

日弁連の支援を受けるためには、①予備審査委員による予備審査で「調査開始」とされ、②さらに本調査で「再審請求支援相当」とされて、③人権擁護委員会の議決を経、④理事会の承認を得る必要がある。

ところが、私が横浜事件の第二次請求に出会った当時、第二次請求は、一年前の一九九八（平成10）年9月に特別抗告が申し立てられ、いつ最高裁の判断が示されてもおかしくない状態にあった。

急いで記録を読み終えた私は、横浜事件の第二次請求が（第一次請求や第三次請求と同じく）「一点突破」型の再審請求になっていて、新証拠の位置づけにも問題があり、軌道修正する必要があることに気付いた（その詳細は、のちに説明する）。そこで、日下部弁護士に、右のような手順を踏んで日弁連の支援を受ける時間的余裕はないことを説明し、私自身が事件の弁護人になることを申し出た。そうすれば、私が気付いたことを直ちに事件に反映できるからである。

今思うと不思議でならないが、日下部先生は、私の申出を即座に受け容れて下さった。その後、日弁連の手続がどうなったのか、覚えていない。おそらく申立が取り下げられ終了したのだと思う。現在も私は再審部会に所属しているが、日弁連に再審支援が申し立てられた事件で、予備審査委員が予備審査を終えずに自ら弁護人を買って出た事件はほかにないと思う。なお、予備審査の途中で、第二次請求と並行して第三次請求が係属中であると知り、私は、第三次請求弁護団事務局長の大島久明弁護士とも面談した。しかし、「第三次弁護団は日弁連の支援を必要としない」とのことで、私が第三次請求に関わることはなかった。

こうして、私は、「掟破《おきて》り」をして、横浜事件の第二次請求の弁護人になった。しかし、そのことによって私が横浜事件の再審にそれなりの寄与をすることになるとはそのときは思わなかった。

横浜事件の概要

横浜事件の全体像は、本書のI章で紹介されている。ここでは再審裁判との関係でその概要を振り返っておきたい。通常の事件と異なって、事件そのものがかなり複雑な様相を呈しているからである。

さて、横浜事件(7)は、「横浜」の「事件」ではない。「横浜」の司法当局が摘発したために「横浜」と冠されているにすぎない。しかし、だからこそ、横浜事件の救済は、「横浜」を舞台に行われざるを得なかった。横浜事件は、「横浜」で葬られる運命のもとに「横浜」で生まれた事件である。

横浜事件とは、複数の治安維持法違反事件の総称である。しかし、その中心は、「党再建準備会事件」または「泊《とまり》事件」である。「細川グループ」と呼ばれた細川嘉六（国際政治学者）ほか出版人ら七名、すなわち木村亨（中央公論社）、相川博、小野康人《やすひと》（以上二名、改造社）、加藤政治（東京新聞記者）、西尾忠四郎、平館《ひらだて》利雄、西沢富夫（以上三名、満鉄東京支社調査室）が、一九四二（昭和17）年7月5日、細川の郷里である富山県下新川郡泊《とまり》町（現・朝日町）の紋左《もんざ》旅館[8]と料亭三笑楼《さんしょうろう》で共産党再建準備会議（泊会談または泊会議〔以下、泊会議〕）を開き、同会議の決定に基づいて、細川が執筆した「世界史の動向と日本」と題する論文（以下、細川論文）を総合雑誌『改造』の同年8月号（7月25日発行）及び9月号（8月25日発行）に掲載したというのである（以下、事件関係者の敬称は略す）。私が関与した第二次と第四次は、この「泊事件」をめぐるものである（第一次と第三次は「泊事件」だけでなく、それ以外の事件〔米国共産党員事件、ソ連事情調査会事件、政治経済研究会〈昭和塾〉事件、満鉄調査部事件、中央公論社事件、改造社事件〕も含まれる）。

細川の逮捕は、『改造』9月号発売後の一九四二（昭和17）年9月14日に警視庁によってなされたが（嫌疑は治安維持法五条[9]違反）、神奈川県特高課は、世界経済調査会の川田寿《ひさし》夫妻に関連して泊会合参加者の家宅捜索で発見した一枚の写真をきっかけに、泊での会合を（共産）党再建準備会の結成ではないかとにらんだ。そして、一九四三（昭和18）年五月、会合参加者を治安維持法一条（国体の変革）、同一〇条（私有財産制度の否認）の目的遂行罪の嫌疑で一斉に検挙し、拷問によって細川を除く参加者全員からその旨の自白を引き出した。その後さらに事件は拡大され[10]、関係者の逮捕は一九四五（昭和20）年5月まで続き、その総数は八九名[11]に及び、そのほとんどが激しい拷問を受け、獄死者四名、出獄直後死亡一名という悽惨な結果をもたらした。そして、逮捕者のうち三三名が起訴され、敗戦前に判決が下された者もいるが[12]、大半は敗戦後の一九四五（昭和20）年8月から10月にかけて、横浜地方裁判所「第二刑事部」でそのほとんどに懲役二年執行猶予三年の有罪判決が下された。これら一連の事件が横浜事件である。

ところで、横浜事件の犠牲者三三名は、戦後まもなく横浜刑務所の所在地にちなんだ「笹下《ささげ》会」を作り、自らの拷問体験を「口述書」としてまとめ、一九四七（昭和22）年4月、拷問警察官二七名を告訴した。この三三名のうち一人だけ、益田直彦について、血のついた衣類や大腿部に残った傷痕、同房者の証言などの証拠があったため、三名の警察官（松下英太郎、柄沢六治、森川清造）が特別公務員暴行傷害罪で起訴され、有罪判決[13]（以下、拷問事件判決）が下された（しかし、その余は、証拠不十分で不起訴処分とされた）。

こうして、横浜事件は、既に「神奈川県特高のフレームアップによる太平洋戦争下の最大の言論弾圧事件」と広く認められていながら、司法的には有罪判決が下されたまま四〇年あまりが経過していたのである。

横浜事件の再審請求は、この有罪判決を覆し、裁判所に事件が国家権力によるフレームアップだったことを認めさせる戦いとして開始された。

再審裁判の流れ

1　請求審―即時抗告審―特別抗告審

横浜事件再審裁判は、第一次から第四次に及ぶが、通常の呼称とは異なって、同一人が行った累次の請求ではない。

そこで、最初に簡単に説明しておくと、第一次は、犠牲者（遺族を含む）八名による請求、第二次と第四次は、そのうち小野康人の遺族による請求、第三次は、第一次の請求人から小野（と川田、青山、和田）を除く者四名と新たに加わった者四名、計八名（最後は五名）による請求である。つまり、第一次は、いわば統一の再審請求、第二次と第四次は、そのうち小野だけの再審請求、第三次は、小野を除く者と新たな者による再審請求である。

その結果、第一次は別として、まず、第二次と第三次が重なり合い、ついで、第三次と第四次が重なり合い、最後は、第三次と第四次が同時に終わった。

横浜事件・再審裁判の経過

年	第一次請求	第二次請求	第三次請求	第四次請求
1986	7・3 再審申立て（横浜地裁）			
1987				
1988	3・15 決定（棄却）即時抗告（東京高裁） 12・16 決定（棄却）特別抗告（最高裁）			
1989				
1990				
1991	3・15 最高裁決定（棄却）			
1992				
1993				
1994		7・27 再審申立て（地裁）		
1995				
1996		7・30 決定（棄却）、即時抗告（高裁）		
1997				
1998		8・31 決定（棄却） 特別抗告（最高裁）	8・14 再審申立て（地裁）	
1999				
2000		7・11 最高裁決定（棄却）		
2001				
2002				3・15 再審申立て（地裁）
2003			4・15 決定（再審開始） 検察官即時抗告（高裁）	
2004				
2005			3・10 決定（抗告棄却） 再審公判（地裁で２回）	
2006			2・9 地裁判決（免訴） 控訴（東京高裁）	
2007			1・19高裁判決（棄却） 上告（最高裁）	
2008			3・14最高裁棄却（免訴確定）	10・31 決定（再審開始） 再審公判（09年2・17）
2009			5・29刑事補償請求（地裁）	3・30判決（免訴） 4・30刑事補償請求（地裁）
2010			2・4 刑事補償決定	2・4 刑事補償決定

予《あらかじ》め結論を示しておくと、第一次と第二次は完敗、第三次と第四次は勝利で、第三次が勝利への道を拓《ひら》き、第四次が勝利を完全なものにしたといってよい。

しかし、第四次と第三次の刑事補償決定（二〇一〇年）まで、第一次の申立（一九八六年）からでも二四年、有罪判決（一九四五年）からは六五年、実に長い戦いだったということができる。横浜事件が葬られたとき、犠牲者で生きている人は一人もいなかった。そして、私は、この長い戦いのうち最後の一一年間に関わったにすぎない。

ところで、誤判（誤った刑事裁判）の救済は、「再審請求」と「再審公判」の二段階を経る。そのフルコースとは、

「再審請求」で、請求審＋即時抗告審（または異議審）＋特別抗告審の三段階、

「再審公判」で、第一審＋控訴審＋上告審の三段階、

の計六段階という長丁場の戦いである。

実際、横浜事件の再審は、第一次と第二次では、「再審請求」の三段階（請求審＋即時抗告審＋特別抗告審）を、第三次は、「再審請求」の二段階（請求審＋即時抗告審）と「再審公判」の三段階（第一審＋控訴審＋上告審）の計五段階を、第四次は、「再審請求」の一段階（請求審）と「再審公判」の一段階（第一審）の計二段階を経た。

しかも、横浜事件の場合には、「再審公判」の結論が（「無罪」判決ではなく）「免訴」判決だっ

たため、通常と異なり、さらに刑事補償請求を行ない、刑事補償決定で「実質無罪」を得る必要があった。

そこで、刑事補償決定による最終決着まで、さらに一段階を要し、結局、第三次は計六段階、第四次は計三段階を経たのである。

「再審請求」＋「再審公判」の二段階のうちの「再審請求」とは、裁判所に再審を開始するよう求めることである。そして、確定判決を下した裁判所が判断を下す。非公開の書面審理によることが多く、横浜事件の場合も、公開の法廷は一度も開かれなかった。

つまり、再審請求は、確定判決を下した裁判所に対して行う必要があり、横浜事件の再審請求は、常に（確定判決を下した）横浜地方裁判所「第二刑事部」に係属した。もちろん四〇年以上も前に確定判決を下した三人の裁判官（八並《やなみ》達雄(14)、若尾元、影山勇）はとうの昔に退官し、第一次から第四次までの間も裁判官は交代を繰り返した。しかし、再審請求、再審公判（の第一審）（そして、刑事補償請求）は、いつも横浜地裁「第二刑事部」に係属したのである。

再審請求に関する裁判所の判断は、「再審開始」か「再審請求棄却」かの「決定」として下される。そして、第一次と第二次の決定は、再審請求「棄却」、第三次と第四次は、再審「開始」だった（第三次＝矢村決定、第四次＝大島開始決定）。

再審請求に関する決定に対し、不服のある者は不服申立をすることができる。請求審が地裁の場合、不服申立は、高裁に対する「即時抗告」(15)の申立である。

横浜事件の場合、「敗訴」した第一次と第二次では請求人が、「勝訴」した第三次では検察官が、それぞれ即時抗告した。しかし、「勝訴」した第四次では、検察官は即時抗告せず、請求審（横浜地裁）の再審「開始」決定（大島開始決定）がそのまま確定した。その理由は、のちにみるように、既に第三次の即時抗告審の中川決定で再審開始が確定していたためである。

即時抗告審（または異議審）の決定は、「原決定取消し」（＋「差戻し」または「再審開始」）か「抗告棄却」（または「異議申立棄却」）かのいずれかである。第一次、第二次、第三次の即時抗告審の決定は、いずれも抗告棄却だった(16)。第四次では、請求審の決定が「再審開始」で、検察官は即時抗告しなかったので、即時抗告審の判断はない。

即時抗告審（異議審）の決定に不服のある者は、さらに最高裁に「特別抗告」することができる。第一次と第二次では、（再審開始を求める抗告が棄却されたので）請求人が特別抗告の申立をした。既にみたように、第三次では、検察官は特別抗告せず、即時抗告審決定（中川決定）によって再審開始が確定した。第四次で再審開始決定（大島開始決定）が下されたのは、これも既にみたように、第三次の再審開始が確定し、さらに再審公判で横浜地裁第二刑事部が免訴判決（松尾判決）を下し、同判決が東京高裁（阿部判決）、さらに最高裁（今井判決）で支持され、免訴が確定したのちのことである。

特別抗告審の判断は、「原決定取消し」（＋「差戻し」か「再審開始」）か「（特別）抗告棄却」かのいずれかである。第一次と第二次は、いずれも「（特別）抗告棄却」で、これによって、第一次と第二次請求の敗訴が確定した。

2 再審公判――刑事補償請求

「再審開始」が確定すると（既にみたように、第三次は抗告審〔中川決定〕で、第四次は請求審〔大島開始決定〕で「再審開始」が確定した）、「再審公判」が始まる。再審開始決定によって、確定有罪判決が効力を失い、改めて有罪か無罪かの「判決」を下す必要が生じるからである。しかし、横浜事件の場合は、有罪か無罪かではなく、「免訴」判決が下された（その意味についてはのちにみる）。

再審公判は、被告人に対する起訴状朗読からやり直す。つまり、舞台は再び横浜地裁（第二刑事部）に移ることになる。横浜事件では、再審公判の時点では被告人全員が死亡していたから、検察官は、空席の被告人席に向かって起訴状（に代わる予審終結決定）を朗読した。裁判をやり直すことになるから、有罪判決が下されることもあり得る（このことが横浜事件で免訴の理由とされたことはのちにみる）。実際、開始された再審公判で再び有罪判決が下された例もある。しかし、ほとんどの場合は、無罪判決が下される。

ところが、横浜事件の場合は、確定判決後まもなく治安維持法が廃止され（かつ、元被告人らは大赦され）たという、裁判を継続しないで被告人の座から解放する「免訴事由」が存在した。しかし、治安維持法が廃止されたために「免訴」するということは、治安維持法が廃止される前は有罪であることを意味しかねない。現に、のちにみるように、第三次の請求審の開始決定（矢村決定）はそう明言した。つまり、起訴そのものは正しかったかもしれないが、法律が廃止されたために、裁判を続けずに、有罪判決を下さないだけというのが「免訴」である。

しかし、無罪を求める者はそれでは納得できない。そこで、横浜事件では、裁判所が、無罪か否かの審理をし、無罪判決を下すことができるかが問題となった。第三次と第四次の再審公判で、裁判所は、無罪判決を下すための審理そのものは行った。しかし、判決（第三次は松尾判決、第四次は大島判決）はいずれも「無罪」ではなく、「免訴」だった。

再審公判での判決に対し、不服がある者は、さらに控訴、上告が可能である。これまで再審公判では無罪判決が下されることが多く、無罪判決に対し検察官は控訴（上告）せず、そのまま確定することがほとんどだった。しかし、横浜事件の場合は、第三次の再審公判の第一審（横浜地裁）の結論が「免訴」だったため（松尾判決）、第三次の請求人は、「無罪」を求めて東京高裁に控訴した。しかし、東京高裁は「控訴棄却」判決を下し、「免訴」の結論が維持された（阿部判決）。そこで、第三次の請求人はさらに上告したが、最高裁は上告を棄却し（今井判決）、ここに第三次の免訴が確定した。

第四次の再審開始決定（大島開始決定）は、第三次の免訴判決確定後である。つまり、第四次の再審公判は、第三次の免訴を支持した最高裁判決後に開かれたが、弁護団は、第三次と同じく、無罪を主張した。しかし、裁判所は、第三次の場合と同様、免訴判決を下した（大島判決）。これに対し、第四次弁護団は、控訴せず、免訴判決をそのまま確定させ、直ちに刑事補償請求を行った。刑事補償決定によって実質無罪の判断が下されるに違いないと判断したためである。

しかし、第三次弁護団は、その時点で、費用補償請求はしていたが、何故か、刑事補償請求を行っていなかった。そこで、刑事補償請求は、第四次が先行した。刑事補償請求は、無罪または免訴の確定判決を下した裁判所に対して行うので、また横浜地裁がその舞台である。こうして第三次の舞台は三たび（請求審、再審公判第一審、刑事補償請求審）横浜地裁第二刑事部となったが、それぞれ裁判長は別だった（矢村宏、松尾昭一、大島隆明）。それに対し、第四次は、請求審、再審公判第一審、刑事補償請求審が横浜地裁で連続的に行われた結果、同じ裁判長（大島隆明）だった。このような違いは、第三次と第四次の弁護団の判断の相違によるところが大きい。

刑事補償請求とは、刑事補償法に基づく、誤った裁判によって身体を拘束されたことに対する補償の請求であり、一方、費用補償請求とは、刑事訴訟法に基づく、誤った裁判に要した弁護士費用の補償の請求である。

横浜地裁は、第三次と第四次の二つの刑事補償請求について、同じ日に決定を下し（大島補償決定）、「国家の責任」を認めた。

こうして、第一次から始まった横浜事件の再審は、途中、第二次・第四次と第三次に分かれたが、最後は、刑事補償決定で「実質無罪」の判断が同じ日に下され、同時に終わった。

なお、第三次の費用補償請求は、一か月後に判断が示されたが、請求が棄却された。理由は、刑事訴訟法の費用補償請求は、無罪の場合に限られ、免訴の場合は認められないという法解釈によるものである。

以下、それぞれの段階を振り返ることにする。ただし、私は、第一次にはまったく関わっていないし、第三次は、第二次・第四次に関わるなかで間接的に知ったにすぎないことを予《あらかじ》めお断りしておかなくてはならない。

第一次再審請求

第一次請求は、一九八六（昭和61）年7月3日、木村亨、小野貞《さだ》（小野康人の妻）、平館《ひらだて》利雄、畑中繁雄、青山鉞治《えつじ》、小林英三郎、川田定子(17)（兼・川田寿《ひさし》の妻）、和田かよ（和田喜太郎の母）が、「警察官による拷問を認めた確定判決（拷問事件判決）が存在する」として、拷問事件判決を新証拠として申し立てた再審請求である(18)。なお、第一次請求では、五名もの横浜事件の犠牲者本人が申立人に名を連ねていたことも記憶に止めるべきことである。

第一次請求をリードされたのは森川金寿弁護士である。「横浜事件の再審」の旗を掲げられた森川弁護士の功績は、横浜事件の再審裁判が勝利した今日、いくら高く評価しても評価しすぎることはない。新たに道を切り拓くことは、あとに続くことよりもはるかに困難だからである。なお、森川弁護士は、一九八六（昭和61）年11月6日の「横浜事件再審裁判を支援する会」の発足集会での基調講演で、「再審勝利への道は、治安維持法があったとしても、無罪たりうることを立証することです」と説かれた（傍点引用者）(19)。そのとおりである。しかし、そのことを完全なかたちで実現したのは、森川弁護士が最後に関与された第三次ではなく、第四次だった。このことはのちにみる。

また、弁護団の事務局長を務められたのが大川隆司弁護士である。大川弁護士は、第二次と第四次の弁護人でもあるが、日下部先生が第四次の半ばで倒れられたのちは、弁護団長を務められた。大川弁護士は、第一次、第二次、第四次と横浜事件の再審の最初から最後まで二四年間関与された唯一の弁護人である。その意味で、横浜事件の再審の全体像を振り返る適任者は、大川弁護士を措《お》いてないが、最後を飾った第四次を実質的に担ったという意味で私が主に法律的な観点から第一次から第四次までを振り返ることになり、本稿を綴ることになったのである。

さて、再審請求を申し立てるためには、理由を必要とする（旧刑訴法四八五条）。もっとも典型的な再審請求は、旧刑訴法四八五条六号によるもので、「無罪又ハ免訴ヲ言渡スヘキ明確ナル証拠ヲ新ニ発見シタル」という「新証拠」による再審請求である。

横浜事件の場合、取調官（特高警察官）が拷問を理由に有罪判決を受け、最高裁判決によってこれが確定したという事実は、冤罪であることの十分すぎる証明と考えられた。旧刑訴法四八五条六号を除く再審事由が有罪判決の根拠となった証拠が虚偽のものだったことが「確定判決によって証明された」場合を掲げていることも、かかる判断の根拠となったに違いない（特に、同条七号）。

なお、第一次請求で、弁護人は、新証拠として拷問事件判決を提出したほか、横浜事件の犠牲者三三名が拷問警察官二七名を告訴した際に作成した自らの拷問体験を詳述した「口述書」を提出した。ところが、弁護人が口述書を新証拠と主張しなかったために、口述書は新証拠としての取扱いを受けなかった。しかし、その結果、口述書が、のちに第三次請求（即時抗告審）で新証拠として取り扱われ、横浜事件の再審裁判を正しい軌道に戻す役割を果たした。「怪我の功名」と呼ぶべきか、横浜事件の再審裁判の重要なエピソードとして、特筆しておくべきことだろう。

なお、一九八八（昭和63）年2月12日、青山鉞治《えつじ》氏は、請求審の結論が下される前に逝去された(20)（享年七四歳）。

第一次請求に対し、横浜地裁（和田保[21]、村田鋭治、植垣勝裕）は、一九八八（昭和63）年3月28日、確定判決があった小野については、拷問事件判決は益田に関するものであることと訴訟記録が存在しないことを、小野以外の請求人については、それに加えて、確定判決が存在しないことを理由に、請求を棄却した[22]。

まことに形式的な判断というほかはない。しかし、「拷問事件判決」のみを新証拠に据えたという意味で「一点突破」型の再審請求だったことは否めない。確定判決が存在する小野についても、「拷問事件判決」は益田に関するもので、小野らが拷問された証拠にならないという判断は、第一次請求が「一点突破」型だったことを逆手にとられたものといえなくもない。しかし、各自の「口述書」は、「拷問事件判決」と「各自の拷問」を繋ぐ証拠で、疑いもなく、新証拠のひとつだった。ところが、弁護人がそのような主張をしなかったために（その理由は、既にみたように、弁護人は、新証拠とは確定判決によって証明された事実と狭く考えていたためではないかと推測される）、裁判所は「口述書」の証拠価値を判断しなかった。仮に、第一次で、『口述書』は、単なる請求人本人の主張にすぎず、新証拠としての価値は乏しい」などと判断されていたとすると（それが通常の裁判官の判断で、その可能性も大いにあったというべきである[23]）、第三次の中川決定による再審開始はあり得なかったことになる。そう考えると、第一次で「口述書」を新証拠に掲げなかったことが幸いしたと評するほかはない。先に「怪我の功名」と呼んだのはそういう意味である。

なお、和田決定は、（小野以外の）確定判決と訴訟記録が存在しないことについて、「請求人の主張の信用性を判断するについて、原判決の有罪認定の当否を判断すべき右判決の認定の基礎となった証拠資料を備えた訴訟記録が存在せず（当裁判所の事実取調べの結果によれば、太平洋戦争が敗戦に終わった直後の米国軍の進駐が迫った混乱時に、いわゆる横浜事件関係の記録は焼却処分されたことが窺われる。）、いまさら右証拠資料を復元することは不可能というべきであるから（当裁判所は事実の取調べとして、原判決に関与した元判事若尾元の証人尋問を行ってみたが、被告人の氏名も覚えていない有様でなんら得るところはなかった）、原判決の認定の基礎となった証拠資料の内容が把握できない以上、本来右旧証拠資料と新証拠資料を対照し又は総合検討して行うべき、いわゆる新証拠の明白性、すなわちそれによって原判決の有罪認定に合理的な疑いを抱かせるに足りる蓋然性の有無の判断は、およそ不可能であるというべきであって、右各証拠も小野康人に対する警察官の拷問の事実、ひいてはその結果虚偽の自白がなされた事実を証するに足りるものとはいえない」（傍点引用者）と判示した。

しかし、焼却処分したのは、検事局を含む裁判所だったわけで、司法の責任を棚上げにした無責任な判示だったというほかはない。第一次請求審の棄却決定（和田決定）のかかる判断は、のちに、第四次再審開始決定（大島開始決定）によって厳しく批判されることになる。

横浜地裁の棄却決定に対し、請求人らは即時抗告したが、東京高裁（坂本武志、田村藤三、泉山禎治）は、九か月後の一九八八（昭和63）年12月16日、抗告を棄却した。

なお、即時抗告審決定（坂本決定）が「（拷問事件判決と口述書）等を総合すると、右事件の取調べを担当した警察官によって、益田直彦に対してだけでなく、右両名（引用者注・小野と相川）に対しても拷問が行われたのではないかとの疑いを否定しさることはできない」と判示したことは、請求審決定を半歩踏み出したものだった。しかし、坂本決定は、続けて、「しかし、前記のように、本件においては訴訟記録が存在せず、小野・相川両名の供述その他の旧証拠の内容を知ることができないため、右疑念があるにしても、右両名の供述内容の真偽を含めて、原判決の有罪認定に合理的な疑いを抱かせるに足りる蓋然性があるか否かを判断するに由ないものといわざるを得ない」から、新証拠たり得ないとした。結局、「訴訟記録の不存在」が大きな壁となったのである。

請求人らは、さらに特別抗告したが、最高裁（香川保一、藤島昭、中島敏次郎、木崎良平）は、一年三か月後の一九九一（平成3）年3月14日、適法な抗告理由に当たらないとして、特別抗告を棄却した。

こうして、第一次請求は、敗北に終わった。

そして、それから間もない一九九一（平成3）年4月26日、平館利雄氏が逝去された[24]（享年八五歳)。

第二次再審請求

第一次の敗北が確定して三年後の一九九四(平成6)年7月27日、第二次再審請求が申し立てられた。第一次の請求人の中で唯一確定判決(25)が残されていた小野康人の妻・貞と次男・新一(長男は生後まもなく死亡)、長女・信子が、「確定判決は小野が細川論文の掲載に関わったことを第一の犯罪事実としながら、肝心の細川論文を『証拠』欄に掲げていないが、これは確定審は細川論文の証拠調べを行っていないことを意味する。しかも、細川論文を読めば、それが共産主義的啓蒙論文でないことが分かるから、細川論文自体が新証拠になる」と主張して申し立てた再審請求である(26)。

第一次で「棄却」の最大の理由とされたのが「確定判決と訴訟記録の不存在」だった。ところが、小野だけは確定判決(と予審終結決定)が現存していた。しかも、小野は、横浜事件の核心である「泊事件」に関わっていた。細川論文ももちろん存在している。そこで、確定判決がある小野によってまず再審の扉を開くことにして、第二次請求が申し立てられたのである。つまり、第二次は、小野(の遺族)がいわば先兵となり、第一次に続く戦いとして、第一次の関係者の了解のもとに、申し立てられたものだった。

しかし、小野貞氏は、一九九五（平成7）年9月30日、第二次請求審が係属中に逝去され（享年八六歳）(27)、あとは次男・新一氏と長女・信子氏に託された。

第二次請求に対し、請求審の横浜地裁は、一九九六（平成8）年7月30日、細川論文が確定判決の「証拠」欄に掲げられていなくても、確定審が細川論文を証拠調べしたことは推認できるとして、請求を棄却し（中西武夫、曳野久男、白川純）(28)、即時抗告審の東京高裁も、二年後の一九九八（平成10）年8月31日、抗告を棄却した（秋山規雄、下山保男(29)、福崎伸一郎）(30)。

第二次の即時抗告審決定に対する特別抗告が申し立てられておよそ一年後の一九九九（平成11）年10月、私が第二次の弁護人を買って出たことは冒頭に記したとおりである。なお、私は、その六年前の一九九三（平成5）年9月から足利事件の弁護人になり、私が横浜事件の弁護人になったときは、足利事件も最高裁に上告審が係属中だった。足利事件は、その後、横浜事件とほぼ同じ二〇〇九年から二〇一〇年にフィナーレのときを迎えたが、横浜事件は、私にとって一九九九（平成11）年10月から、およそ一一年間、足利事件と並走していたことになる。

なお、私が第二次の弁護人になって間もなく請求人の小野新一氏と齋藤信子氏に出会ったが、新一氏は一九四六（昭和21）年生まれ、信子氏は一九四九（昭和24）年生まれで、私がお二人の間であることを知った。横浜事件は、私たちにとって、父と母の弔い合戦だったのである。

さて、私が第二次の記録を読んですぐに気付いたことは、第二次の新証拠は、細川論文のみとされ、細川論文が共産主義的啓蒙論文ではないことを論証した二つの鑑定書（今井清一横浜市立大学名誉教授、荒井信一駿河台大学教授）は新証拠とされていないことだった。そのため、請求審も、即時抗告審も、細川論文が新証拠になり得るかだけを問題にし、細川論文が判決に証拠として掲げられていなくても証拠調べしたと推認できるから新証拠ではないとして、請求を退《しりぞ》けたのである。

第二次請求が、確定判決が細川論文を「証拠」欄に掲げていないことに着目し、細川論文を読めば、それが共産主義的啓蒙論文でないことが分かるから、細川論文自体が新証拠になると主張したことは、横浜事件はもともと犯罪ではないと主張するもので、横浜事件の核心を突き、第四次に連なるものではある。しかし、確定判決が細川論文を証拠欄に掲げていないから、確定判決は細川論文を証拠調べしていない（したがって、細川論文自体が新証拠になる）という主張は、裁判所に受け容れられるとは私には思えなかった。細川論文は、「泊事件」のほとんど唯一の「物証」であり、裁判所が（程度は別にして）細川論文をまったく読んでいないことなど考えられないからである。確定判決が細川論文を証拠欄に掲げていないのは、裁判所のケアレスミスと判断される可能性が高いと私には思えた。しかも、第二次弁護団が、二つの鑑定書を細川論文が共産主義的啓蒙論文ではないことを明らかにするために証拠提出しながら、何ゆえにこの二鑑定を新証拠と主張していないのかも理解できなかった。仮に細川論文が証拠調べされていたとしても、二鑑定が確定審の審理中に証拠調べされていれば、細川論文は共産主義啓蒙論文ではないと判断される可能性があれば、二鑑定は立派な新証拠である。先に、私が予備審査委員として第二次の記録を読んで、すぐに、第二次が「一点突破」型の再審請求になっていて、新証拠の位置づけにも問題があり、軌道修正する必要があることに気付いたと書いたのは、このことを意味している。

そこで、私は、第二次の弁護人になり、自ら特別抗告申立補充書[31]を書き上げ、第二次の新証拠は細川論文だけでなく、二鑑定も新証拠と解すべきで、請求審と即時抗告審には重大な判断遺脱があると指摘した。しかし、とき既に遅く、最高裁は、二〇〇〇（平成12）年7月11日に特別抗告を棄却した（町田顕、遠藤光男、井嶋一友、藤井正雄、大出峻郎）[32]。

なお、第一次終了後、第二次が係属中の一九九六（平成8）年10月2日に小林英三郎氏が逝去され（享年八六歳）[33]、一九九八（平成10）年7月14日に木村亨氏が逝去された（享年八二歳）[34]。

第三次再審請求

第三次請求は、第二次が即時抗告審に係属中の一九九八（平成10）年8月14日、木村まき（木村亨の妻）、小林貞子（小林英三郎の妻）、板井庄作、勝部元、由田《よしだ》道子（由田浩の妻）、高木晋

（高木健次郎の長男）、平館道子（平館利雄の長女）、畑中繁雄が、「ポツダム宣言の受諾により治安維持法が失効した」などと主張して申し立てた再審請求である(35)。

第一次の請求人のうち小野貞は、第二次の請求を行っていたが、小野を除く請求人に新たに本人として板井庄作、勝部元が加わり、さらに二人の遺族（由田、高木）が加わってなされた再審請求である（第一次の川田定子は加わらず、故青山鉞治《えつじ》、故和田かよ〔和田喜太郎の母〕の請求を引き継ぐ者はいなかった）。なお、既にみたように、第二次の即時抗告審は、第三次の申立からわずか二週間後の一九九八（平成10）年8月31日に棄却された。

第二次は、いわば先兵となり、第一次に続く戦いとして、第一次の関係者の了解のもとに、申し立てられたものだった。しかし、裁判所の対応は極めて消極的で、審理は引き延ばされた。既に高齢だった請求人らは、その間、小野貞はじめ次々と鬼籍に入り、残された時間はなくなっていった。その危機感もあり、第二次の即時抗告審が係属中に、小野貞を除く者らによって第三次請求が申し立てられたのである(36)。しかし、やがて、第三次の関係者によって、第二次は小野貞らによる単独行動であるかのように説かれるようになる。こうして、第二次に続くはずの第三次は、第二次とは無関係のものとして進められ、結果として、第二次と第三次とは、まったく別々に進行していった(37)。

ところで、「ポツダム宣言の受諾により治安維持法が失効した」から免訴とされるべきだったという主張は、確定判決と訴訟記録が添付されていないことを理由に門前払いされた第一次の壁を前に、再審の扉を開くための苦心の戦術（奇策）だったということができる。

なお、第三次の申立から四か月後の一九九八（平成10）年12月22日に畑中繁雄氏が逝去され(38)（享年九〇歳）、翌一九九九（平成11）年6月14日、第一次の申立人だった川田定子氏が逝去され(39)（享年八九歳）、その二か月後の8月28日、勝部元氏が逝去された（享年八二歳）。

そして、請求審（横浜地裁）は、大石眞京都大学教授に、ポツダム宣言と治安維持法との関係について鑑定を命じ、二〇〇二（平成14）年5月27日、請求人の主張を認める大石教授の鑑定書が提出された（大石鑑定）。これに対し、検察官は、「治安維持法はポツダム宣言後も効力を有し、10月15日に『治安維持法等廃止ノ件』により廃止された」とする浅古弘早稲田大学教授の鑑定書を提出した（浅古鑑定）。そして、裁判所（矢村宏、柳澤直人、石井芳明）は、二〇〇三（平成15）年4月15日、結論的には大石鑑定に依拠して、再審開始を決定した(40)。横浜事件について裁判所が初めて認めた再審開始決定であり、その歴史的意義は特筆大書されるべきものである。しかし、同時に、それは手放しで喜ぶことのできない重大な問題を抱えていた。

何故なら、第三次の開始決定はその理由をつぎのように判示したからである。ポツダム宣言の受諾によって直ちに国内法的効力を生じたとは言えないが、一九四五（昭和20）年8月14日に天皇が終戦の詔《みことのり》を発したことにより、ポツダム宣言は国内法的効力を生じたと認められる。ポツダム宣言は、日本国民の間の民主主義的傾向の復活強化、言論・宗教及び思想の自由並びに基本的人権の尊重の確立を命じている。そうだとすれば、結社自体を処罰する治安維持法一条・一〇条は、民主主義の根幹をなす結社・言論の自由を否定するもので、ポツダム宣言と抵触し、存在の基盤を失い、実質的にみて効力を失うに至ったと解すべきである。したがって、治安維持法は一九四五（昭和20）年10月15日、「治安維持法等廃止ノ件」の公布により廃止されたという検察官の主張は採用できない。なお、再審は事実誤認を救済するためであり、法の解釈適用の誤りは再審理由になり得ないという検察官の主張も考慮に値するが、刑の実質的な廃止も免訴理由に含まれると解すべきである。弁護人の請求により裁判所が実施した鑑定による大石教授の鑑定書は、旧刑訴法四八五条六号の新証拠であり、本件は「免訴ヲ言渡スベキ明確ナル証拠ヲ新ニ発見シタル」場合に当たる。従って、免訴を言い渡すべき理由があると認める限りにおいて再審請求理由がある、と。

つまり、第三次の矢村決定は、横浜事件は「免訴」とされるべきであったとして、再審「開始」を決定したのである。

しかし、免訴とは有罪とすべき根拠法令がないことを理由とするもので、無罪ではない。決定も「（本件は）犯罪とされる行為の後に法が失効したにすぎず、かかる場合について無罪とする理由はない。無罪を言い渡すべき場合に当たるとする弁護人の主張は失当である」とこのことを明言している。つまり、第三次の横浜地裁再審開始決定は、有罪判決がたまたま敗戦後だったために下されたにすぎず、敗戦前であれば有罪もやむを得ないとしたものなのである。それでは横浜「事件」が救済されたと言うことはできない(41)。

第三次のポツダム宣言受諾によって治安維持法が失効したことを理由とする再審請求は、もともと横浜事件の真実を闇に葬る危険性があったが、横浜地裁がこれを容れて横浜事件の再審開始を決定したことによって、それが現実のものとなろうとしていたのである(42)。

そこで、既に第四次請求を行っていた私は、第三次の横浜地裁の開始決定の危険性を説くために、「横浜事件に真の救済を――第四次再審請求の意義」と題する小論を執筆して(43)、横浜事件の真の救済は、第四次請求によってしか達成されないと説いた。編集者による同論文のリードは、「再審開始を認めた横浜地裁決定は、横浜事件に決着をつけるものではない。第四次請求こそ、事件の虚構を白日の下にさらす」というものだったが、これは私が説こうとしたことを的確に表現したものである。なお、矢村決定が下される二週間前の二〇〇三(平成15)年3月31日、板井庄作氏が逝去され(享年八六歳)、結局、横浜事件の犠牲者で「再審開始」決定を手にした者は誰もいなかったことも記しておくべきことであろう。

ところが、検察官の即時抗告を受けた抗告審(東京高裁)(中川武隆、毛利晴光、鹿野伸二)は、二〇〇五(平成17)年3月10日、ポツダム宣言受諾に伴い治安維持法が失効したという矢村決定は支持できないが、証拠中の拷問事件判決に関係者の「口述書」などを付加すれば、確定判決の証拠となった自白は拷問によるものと認めることができ、無罪を言い渡すべき明確な証拠(44)にあたるとして、再審「開始」の結論を維持した(45)。

即時抗告審決定（中川決定）は、再審開始の理由を「治安維持法の廃止による免訴」から「拷問自白による無罪」へ転換した極めて重要な決定である。横浜地裁の開始決定（矢村決定）は、第三次の請求理由をそのまま認めたものではあるが、横浜事件の真実を闇に葬るおそれがあった。それが、東京高裁（中川決定）によって正され、拷問による虚偽自白による「無罪」の道がようやく開けたのである。

それは、もともと第三次請求が、ポツダム宣言受諾による治安維持法の失効という再審理由だけでなく、確定判決を支える自白が拷問によるものであることをも主張し、その証拠として、第一次請求の拷問事件判決や関係者の「口述書」を証拠提出していたことによる。東京高裁は、これを捉えて、第一次請求が拷問事件判決だけを新証拠としていたことのいわば虚を突いて、それに「口述書」を加えれば、請求人の自白が拷問によるものであることの新証拠になると判断したのである。

中川決定は、第一次の主張を、新証拠に「口述書」を加えることによっていわば蘇《よみがえ》らせ、これを認めたもので、そのような判断が最初から可能であれば、第三次の「ポツダム宣言受諾による治安維持法の失効」という苦心の主張も不要だったことになる。

しかし、第三次の苦心の戦術（奇策）による開始決定（矢村決定）なくしては、東京高裁の判断（中川決定）もなかったともいえるのであって、第三次の中川決定による画期的な判断も、積み重ねられた歴史のひとつの到達点とみるべきものであろう。矢村決定と中川決定との関係は、大石鑑定と浅古鑑定(46)との関係についてもいうことができる。大石教授と浅古教授の専攻がそれぞれ「理念」の憲法と「実証」の日本法制史だったことが結論を左右したようにも思えるが、しかし、二つの鑑定は、実に絶妙なかたちで、それぞれ重要な役割を果たしたといえるだろう。すなわち、大石鑑定なくして矢村決定はなく、浅古鑑定なくして中川決定はなく、さらに、矢村決定なくして中川決定はないからである。歴史の歩みは、ときに迷いながら螺旋的・弁証法的に進んでゆくものらしい。

ともあれ、このようにして、画期的な中川決定(47)によって、横浜事件の再審への道は、軌道修正された(48)。

高裁の判断を覆すためには特別抗告しかないが、特別抗告の理由は「憲法違反」しかない(49)。そこで、検察官は、中川決定に対し特別抗告せず、ここに横浜事件の第三次の再審「開始」が確定した。仮に、中川決定が地裁の判断だったとしたら、検察官は、事実誤認を理由に即時抗告も可能だった。その場合は、中川決定は、高裁で取り消されたこともあり得た。その意味でも、高裁（即時抗告審）の判断として中川決定が下されたことの意味も大きかったというべきである。そして、中川決定による再審開始が確定したことは第四次にとっても極めて重要な出来事だった。何故なら、第三次が再審開始なら、同じ泊事件が問題の（治安維持法ではない）第四次も再審開始は当然だからである。

再審請求で、裁判所の判断が示される前に「再審開始」と分かっていることなど滅多にあることではない。偶然にも、私が同時に弁護人だった足利事件の再審請求で、DNA再鑑定によって菅家利和氏の無実が確定し、検察官が無期懲役の刑の執行を停止して菅家氏を釈放したのちに裁判所の再審開始決定が下された。そして、横浜事件の第四次も、第三次の再審開始が確定していたために、決定が下される前から「再審開始」と分かっていたのである。

しかし、第四次についてみる前に、第三次のその後の経過を追っておく必要がある。

第三次再審公判

二〇〇五（平成17）年3月10日の中川決定に対し検察官からの特別抗告の申立がなく、五日間の特別抗告期間の経過とともに第三次の再審開始が確定し、「再審公判」が横浜地裁で行われることになった。

横浜地裁（第二刑事部）の裁判長は、再審開始決定を下した矢村宏判事から松尾昭一判事(50)に代わっていた。そして、松尾裁判長は、免訴事由（恩赦と治安維持法の廃止）があるから再審公判で証拠調べする必要はないという態度はとらずに、証拠調べを行い、弁護人の無罪の弁論(51)を許した。

しかし、二〇〇六（平成18）年2月9日に横浜地裁第二刑事部（松尾昭一、竹下雄、林美紀子）によって下された判決は、「免訴」だった。免訴事由がある場合は無罪ではなく免訴判決を下すしかないというのである。しかし、その内容は、裁判所として初めて横浜事件で有罪判決が下されるに至った経過を詳述し、即時抗告審の（無罪の）判断（中川決定）を覆す証拠はないとしたもので、主文は「免訴」ではあるが、実質的には無罪であることを明らかにしようとした、裁判所として精一杯の判断を下したものと評価することが許されるだろう(52)。

しかし、第三次の元被告人の遺族は、無罪を求めて控訴した。

第三次の控訴審が係属中の二〇〇六（平成18）年10月16日、森川金寿弁護士が逝去された(53)（享年九三歳）。そして、控訴審の東京高裁（阿部文洋、高梨雅夫、森浩史）は、二〇〇七（平成19）年1月19日、一審免訴判決が「即時抗告審の判断を覆す証拠はない」と判示したのは「問題がある」とし、免訴事由がある場合は直ちに免訴とすれば済むという判断を下した(54)。しかし、「問題がある」のは、事件の重大性を直視しようとせず、形式的処理で足りるとした阿部判決の方であろう。ともあれ、阿部判決によって、横浜事件の「免訴」判決（松尾判決）は大きく後退した。

元被告人の遺族の失望は大きく、さらに無罪を求めて上告した。しかし、上告審の最高裁（今井功、野津修、中川了慈、古田佑紀）は、一年二か月後の二〇〇八（平成20）年3月14日、免訴を是認する判決を下した(55)。

横浜事件の「免訴」を是認したこの最高裁判決を、ほとんどの人が非難した。私もその一人である。横浜事件が「冤罪」だったことを明らかにするには、主文で「無罪」を言い渡すのが当然だからである。

ところが、この最高裁判決に付された二つの補足意見（今井功裁判長と古田佑紀裁判官の補足意見）が免訴事由が存在する場合に無罪への道をどのようにして拓《ひら》くのかについて、重要な示唆を与えていた。しかし、そのことに気付く人は少なかった。第三次弁護団も、最高裁判決をまったく評価せず、「免訴」で終わった第三次は大きな敗北感だけが残された。

第三次公判の最高裁判決（今井判決）に無罪への道が隠されていたことを教えたのは、第四次公判で下された大島免訴判決である。しかし、その前に、第四次再審請求をみておく必要がある。

第四次再審請求

1 治安維持法の〝構造〟

二〇〇〇（平成12）年7月に第三次請求が棄却されたが、既にみたように、私は、記録の検討を通じて、横浜事件の再審請求が、第一次から第三次まで、例外なく、「一点突破」型の再審請求であることに気付いた。「一点突破」型の再審請求が繰り返された理由は、おそらく、横浜事件の弁護人に再審弁護の知識と経験が乏しかったためだと思う。しかし、再審請求における新証拠はひとつだけとは限らないし、また、ひとつの新証拠だけで無実であることを示す必要はない。そもそも再審開始に必要な新証拠を得るためには、まず確定判決の「証拠構造」、すなわち確定判決の事実認定を支える旧証拠とは何かを確定し、その（旧証拠の）証明力を「分析」（再評価）し（「証拠構造分析」）、旧証拠の証明力を減殺する新証拠があれば、新証拠だけで合理的な疑いが生じなくても、すべての新証拠と旧証拠を総合評価した結果（「全面的再評価」）、確定判決の事実認定に合理的な疑いが生じれば、新証拠の明白性が肯定され、再審が開始される。つまり、新証拠のひとつひとつの証明力が弱くても、旧証拠が脆弱だったり、新証拠が重なり合って証明力が増せば、それで十分である。要するに、「一点突破」型ではなく、「総合評価」型の発想こそが再審弁護の要諦《ようてい》なのである(56)。

ここで治安維持法の構造に触れておく必要がある。横浜事件に適用されたのは一九四一(昭和16)年に改正された治安維持法で、小野らの行為は、「国体ヲ変革スルコト」(一条)と「私有財産制度ヲ否認スルコト」(一〇条)を目的とする「結社」の「目的遂行ノ為ニスル行為」(目的遂行行為)に当たるというのである。改正前の旧治安維持法(一九二八年法)では、この二つの「結社」に関する目的遂行行為のみが規定されていたのに(旧法一条)、新法では細分化され、目的遂行行為には、一条・一〇条の「結社」のほか、「支援結社」(二条)、「準備結社」(三条)、「集団」(四条)、「協議、煽動、宣伝」(五条)のそれが加わった。そこで、一条・一〇条の「結社」とは、「支援結社」や「準備結社」を含まず、既に壊滅していた日本共産党(以下、党)の再建を準備することは、「準備結社」またはその目的遂行行為として処罰され、一条・一〇条の「結社」の目的遂行行為には当たらないことになる(党が一九三五〔昭和10〕年には壊滅したことは公式に確認されていた)。当時の公権解釈(57)でもそう説かれている。しかし、実際には、コミンテルンと日本共産党を「結社」と措定し、党再建準備行為は、「結社」のための目的遂行行為に当たるとして一条・一〇条が適用された。横浜事件も同様だった。

治安維持法の許されざる拡大解釈であるが、ここではその当否が問題ではない。そのような拡大解釈のもとでも、「党再建準備行為」が認定できなければ、「結社」のための目的遂行行為は認定できなかったことである。

たとえ細川論文が「共産主義的啓蒙論文」だったとしても（そうでないことは、のちにみる）、「党再建準備会」が実在しなければ、せいぜい五条の「宣伝」その他の目的遂行行為として処罰し得たにとどまる。だからこそ、「泊会議」を党再建準備会と認めさせるために激しい拷問が用いられたのである。「細川論文の掲載」という客観的な事実だけでは「事件」にならない。警視庁は「細川論文の執筆」を理由に細川を逮捕・勾留したが（細川の逮捕は一九四二〔昭和17〕年9月14日）、それだけでは細川を起訴できず、予審に付し、東京地裁で予審訊問を続けるうちに泊旅行の写真が発見され、「横浜」の特高（神奈川県特別高等警察）と思想検事が「細川論文」を「泊会議」と結び付けたことによって初めて治安維持法一条・一〇条違反の「事件」になったのである(58)。

2 消えた「泊会議」

小野の場合、予審終結決定（予審とは予審判事による捜査のことで、予審終結決定は現在の起訴状に当たる）も残されていたが（一九四五〔昭和20〕年7月20日付）、そこには「泊会議」が党再建準備会として犯罪事実の第一に掲げられ、「細川論文の掲載」は「右決定ニ基」く第二の犯罪事実として、いずれも一条・一〇条の目的遂行行為に当たるとされていた（「細川論文の掲載」と並んで「細川家族の救援」も第二の犯罪事実であるが、煩瑣なので、ここでは措く）。つまり、小野に対する予審終結決定は治安維持法の構造に忠実に「事実」を構成したものだった。

ところが、小野に対する確定判決（一九四五〔昭和20〕年9月15日付）は、予審終結決定から「泊会議」の部分をそっくり削除し、「細川論文の掲載」（と「細川家族の救援」）のみを犯罪事実とした。しかし、既にみたように、「結社」に当たる党再建準備会なしの「細川論文の掲載」は、治安維持法の構造に照らし、一条・一〇条に該当することはない。「泊会議」すなわち「党再建準備会」が消失したのに「結社」のための「目的遂行罪」は残るなどということは、治安維持法のもとでも背理以外の何ものでもない(59)。

しかも、旧刑事訴訟法は、「裁判所は検察官の主張が正しいのか否かを判断すれば足りる」とする現行刑事訴訟法の「当事者主義」とは異なり、「裁判所に真実発見の義務がある」とする「職権主義」を採用していたからなおさら、（現行法の起訴状に当たる）「予審終結決定」が犯罪事実としたものを、裁判所が理由もなく犯罪ではないとすることは許されない。現行法のもとでも起訴状に掲げられた事実が犯罪でないとすれば、裁判所は、無罪の言い渡しをしなければならない。職権主義のもとではなおさらである。つまり、「予審終結決定」と対比すると、「確定判決」は小野を「泊会議」については無罪としたものだったことになる。

「泊会議」の崩壊は、「事件」全体の崩壊を意味する。仮に細川論文が共産主義的啓蒙論文だとしても、これを『改造』に掲載しただけでは、治安維持法五条の「宣伝」その他の目的遂行行為には該当し得ても、「結社」のための目的遂行行為には該当し得ない。つまり、小野に対する確定判決を分析するだけで、横浜事件の証拠構造は極めて脆弱なものであることが明らかなのである。

小野に対する予審終結決定と確定判決の矛盾は、既に森川金寿弁護士によって指摘されていた。私が何度参照したか分からない横浜事件の基本文献というべき笹下同志会編『増補復刻版　横浜事件資料集』（東京ルリユール、一九八六年）の裏表紙には森川金寿弁護士の「予審終結決定も貴重な資料である。小野康人氏の予審終結決定と判決を比べてみると、本件の発端となった〝泊会議〟―共産党再建準備会―が判決では跡形もなく消えてしまっていることもわかる。横浜事件の空中楼閣たるゆえんである」という解説が大活字で印刷されている。しかし、何故か、第一次から第三次まで、裁判においてこの問題が正面から取り上げられたことはなかった。

記録を精査すると、西尾忠四郎の予審終結決定（一九四五〔昭和20〕年8月22日付(60)）までは「泊会議」が犯罪事実とされているが、木村に対する予審終結決定（同月27日）には「泊会議」が犯罪事実になっていない。要するに、8月15日の敗戦後、8月22日から8月27日の間に、泊会議は消失したのである。

その理由は不明であるが、第四次の申立当時は下されていなかったが、第三次の第一審免訴判決（松尾判決）は、「被告人らは、予審判事らの示唆に応じ、寛大なる処分を得ることを期待して予審判事に対し、犯罪事実をほぼ認め、同様の自白をして予審終結決定を得て、公判廷でも罪となるべき事実を認め、いずれも執行猶予の判決を得たことが認められる」と判示した。横浜事件の予審判事（石川勳蔵）は、木村に「泊会議の消失」を持ちかけ、木村がそれで「納得」し、その結果、木村の予審終結決定が下されたと考えてまず間違いない。木村は、これに符合する回想録を残している(61)。予審判事も泊会議が虚構だったことに気付いていたに違いない。

3 第四次再審の「新証拠」

そこで、第四次では、これらの一連の「予審終結決定」も新証拠であると主張することにした。また、「泊会議」は一枚の集合写真をきっかけに捏造されたが、小野のアルバムにはそれだけでなく一〇枚のスナップ写真（次ページ）がさり気なく貼られていた。そこで、小野のアルバムも「泊会議」が慰安旅行だったことを教える新証拠に据えた。

さらに、細川論文が共産主義的啓蒙論文でないとすれば、横浜事件は完全な空中楼閣だったことになる。そこで、第四次では、第二次を承継して、細川論文が共産主義的啓蒙論文ではないことも再審理由に掲げ、第二次では新証拠とされていなかった二つの鑑定書を新証拠と位置づけるとともに、波多野澄雄筑波大学教授の鑑定書を新たに得て、新証拠に加えた。それぞれ観点は異

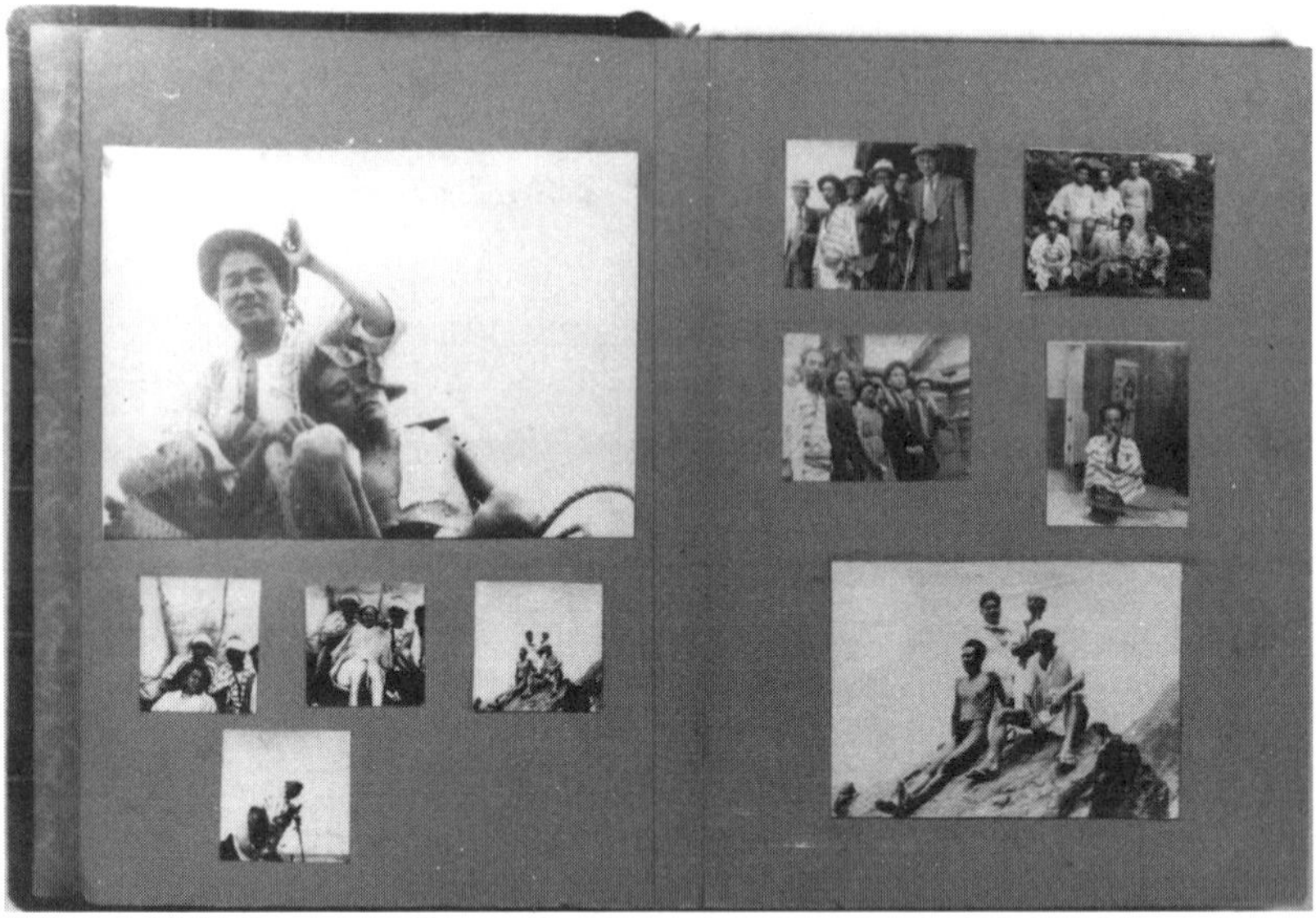

1942年７月の泊への行楽の写真を貼った小野家のアルバム。この10枚の写真のうち、右上端の集合写真だけが「泊会議」の証拠とされた。このアルバムは小野康人氏の検挙の際家宅捜索で押収されたが、夫人・貞さんが検事に掛け合って取り返してきたもの。「泊会議」の写真はそのままだった。たぶん他の参加者の家から押収した１枚で用済みとなったのだろう。

なるが、細川論文は、唯物史観の影響を受けているものの自由主義的見地を堅持し、太平洋戦争に突入したわが国が採るべき道を世界史的観点から論じたものであって、共産主義的啓蒙論文ではないことを明らかにしたものである。

一九四一（昭和16）年10月15日、ゾルゲ事件で尾崎秀実《ほつみ》が逮捕、翌日近衛文麿内閣が倒れ、18日東条英機内閣が成立、12月8日には真珠湾攻撃による日米開戦、つづいて日本軍の南進、マレー半島からシンガポール、さらにスマトラ、ジャワ、そしてフィリピンと東南アジア全域を支配下に収めていくというまさに風雲急を告げる時機《とき》に書かれた細川の論文「世界史の動向と日本」は、わが国が目指す「東亜新秩序」は帝国主義的な植民地支配ではなく、民族自決の理念に基づく民族政策に裏付けられるべきことを説いた憂国警世の大論文である。

細川論文は、それ自体長大なもので、それが共産主義的啓蒙論文ではないことを論証するためにはそれなりの紙幅を必要とする。しかし、ここでは、内務省情報局の検閲を無事通過した細川論文を、一九四二（昭和17）年9月の「六日会」（陸軍報道部主宰の雑誌編集者への月例指導会）の席上、共産主義を宣伝するものと批判し、一週間後の細川逮捕のきっかけを作った陸軍報道部員・平櫛《ひらぐし》孝（当時少佐）が、「大きな眼でみて、それがお国のためにならないことに気づかなかった自らの不明を恥じいるばかりである」と悔い、黒田秀俊（当時中央公論編集部）の『昭和軍閥』（一九七九年）を引用して述懐したつぎの言葉で十分であろう。（なお、平櫛のこの著述も新証拠にしたが、のちにみるように、大島開始決定はこれを採用した。）

「若い頃の自分のことを、こうはっきり書かれてしまうのは、決して気持のいいものではないが、事実関係の大筋はそのようなものであった。私には弁解の言葉もないし、また、加害者が弁解するのは見苦しい。こちらにはそれほどの自覚がなくとも、世間には『はしゃぎすぎ』ということばもある。たしかに、私たちは、はしゃぎすぎていたのだ。しかし、石を投げられた側にとっては、生死にかかわる大事件であったろう。当時の肩いからした軍部と、それに立向う手段を持たなかった民間言論機関との関係はまさにこのようなものであった。」（平櫛孝『大本営報道部』八六頁、八九頁〜九〇頁〔図書出版社、一九八〇年〕〔光人社NF文庫九九頁、一〇三頁、二〇〇六年〕）

要するに、第四次は、確定判決の証拠構造の分析によって、①泊会議は虚構であり、②細川論文は共産主義的啓蒙論文ではないことを再審理由としたもので、横浜事件が司法権力によるフレームアップであることを明らかにすることを目指した初めての再審請求なのである(62)。

4 第四次はなぜ「拷問」を再審理由にしなかったのか

第四次の申立日は、治安維持法の初の本格的な適用である三・一五事件から七四年目の二〇〇二（平成14）年の3月15日とした(63)。

当時、第三次の請求審が同じ横浜地裁第二刑事部に係属していて、矢村裁判長からは「第三次も係属しているので、第四次は少し待ってもらうことになる」と話された。ところが、その一年後の二〇〇三（平成15）年4月15日、「ポツダム宣言受諾に伴う治安維持法の失効」を理由とする第三次の再審開始決定（矢村決定）が下されたため、危機感を募らせた私は、先述のように第三次の開始決定を批判する論文を書いた。ところが、第三次の即時抗告審決定（中川決定）は、二〇〇五（平成17）年3月10日、請求審決定（矢村決定）を正し、再審開始の理由を「拷問による自白」に改め、この中川決定が確定したことにより第三次の再審開始公判が横浜地裁で開かれることになったことも既にみた(64)。

その結果、第四次の請求審と第三次の再審公判が再び同じ横浜地裁刑事二部に係属することになり、矢村裁判長から代わった松尾昭一裁判長からも「第三次が係属しているので、第四次はしばらく待ってほしい」といわれることになる。そして、第三次の再審公判の結果は、第一審免訴（二〇〇六〔平成18〕年2月9日〔松尾判決〕）、控訴審控訴棄却（二〇〇七〔平成19〕年1月19日〔阿部判決〕）というもので、敗北感だけが募るものだった。

なお、その間の二〇〇六（平成18）年10月18日、第四次請求について、松尾裁判長に代わった木口信之裁判長のもとで三者協議が開かれたが、感触は好ましいものではなかった(65)。第三次の控訴審判決（阿部判決）はさらに不安を募らせた。

こうして、横浜事件が権力によるフレームアップだったことを認めさせるために残されたのは、第四次請求だけという様相を呈した。そこで、私は、第四次請求の意義を説くとともに、第三次について、免訴ではなく無罪を、と説いた論文(66)を執筆した(67)。

しかし、何ゆえにか、ほどなくして、木口裁判長から大島隆明裁判長に代わり、二〇〇七（平成19）年7月2日の面談で、大島裁判長から、「第四次は、再審理由に『拷問による自白』を加えるつもりはないのか」と問われることになる。

何故なら、その面談の二か月前に公刊された右の論文をつぎのように結ぶとともに、同旨の書面を上申書（二〇〇七〔平成19〕年6月7日付）として提出していたからである。私たちは、第四次は、第三次の開始決定後も、敢えて、「拷問による自白」の主張はしないと宣言した。

『特高の拷問を理由に被告人の供述の信用性を否定したのが第三次請求の抗告審決定であることは既にみた。第四次請求でも、同じ主張が可能であることはいうまでもない。しかし、第四次請求では、そのような主張は、敢えて行っていない。抗告審決定が判示するように「目的達成のためにする意思」などの「主観的要件等」だけが問題なのではなく、「泊会議」は党再建準備会であるという客観的事実が横浜事件の要《かなめ》だからである。

特高による拷問が横浜事件の象徴であることは、第四次請求の弁護団もむろん承知している。しかし、横浜事件の再審で解明されなくてはならないのは、特高による拷問もさることながら、泊会議の虚構が照らし出す横浜事件をめぐる司法的処理の全過程である。

……（中略）……

そして、横浜事件の証拠構造分析に照らすと、第三次請求の当初の主要な再審理由だった「ポツダム宣言受諾による治安維持法の失効」はもちろん、抗告審決定が再審開始の理由とした「拷問による虚偽自白」も、横浜事件の真実に迫るものとは言えない。

何故なら、ポツダム宣言受諾による治安維持法の失効は、たまたま確定判決が戦後に下されたという偶然によるものであるし、特高による拷問は横浜事件を特徴づけるものではあるが、国家権力による拷問とフレームアップは同じではないからである。実際、酷《むご》い拷問は免れ、最後まで否認を貫き、免訴とされた細川嘉六の存在が象徴しているが、横浜事件の真実を明らかにする再審開始決定とは、細川嘉六の無実をも明らかにするものでなくてはならないのである。

横浜事件の証拠構造分析に基づく第四次請求の再審理由は、まさに横浜事件の真実に迫ろうとするものである。①泊会議の虚構、②小野・相川供述の虚偽、③細川論文の共産主義的啓蒙論文非該当性が認められたときに、横浜事件は、拷問の有無に関係なく、権力によるフレームアップだったことが白日の下に晒《さら》されるだろう。横浜事件の真実とは、戦時下にあって、文字通り命がけで、わが国の進むべき道を示そうとした者らを虚構によって圧殺しようとした治安機構の総体（軍部、特高警察、検察官、裁判官、そして弁護士）の過ちに光を当てることによってはじめて浮かび上がるのである。』(68)（原文の「　」を生かすために、外括弧に『　』を用いた。）

第四次が、申立のときに「拷問による自白」を主張しなかったのは、第一次で「拷問による自白」が認められなかったからである。しかし、第三次で「拷問による自白」による再審が認められた以上、第四次でも同じ主張をすることはあり得た。しかし、仮に、第四次がそう主張し、裁判所が、（検察官ももはや争わない）「拷問による自白」のみによって再審を開始した場合、その後の第四次の運命は、第三次と同じになることが容易に予想された。横浜事件の再審裁判の目的は、権力によるフレームアップを裁判所に認めさせることであり、特高による拷問だけを認めさせたのでは明らかに不十分である。それは、「ポツダム宣言受諾による治安維持法の失効」ほどではないが、真実の隠蔽に通じる。

私たちはそう考え、大島裁判長に、率直にその旨伝えた。すると、大島裁判長は、「裁判所は、請求理由のすべてについて判断し、『拷問による自白』だけで判断することはない」旨言明された。そこで、私たちは、直後の記者会見で、大島裁判長の言葉をそのまま伝えたうえで、第四次でも「拷問による自白」を請求理由に加える旨コメントした。その意味に気付いた新聞記者はそう多くなかったが(69)、間違いなく、第四次の弁護方針の大転換だった。

5 第四次再審開始決定の論理構造

「拷問による自白」の主張を加えることは容易だった。拷問事件判決と口述書を新証拠として、相川と小野の自白が拷問によると主張すれば足りたからである。

その後、第三次の免訴判決を是認する最高裁判決が下され(二〇〇八〔平成20〕年3月14日)、私たちも失望した。しかし、そうであるのならなおさら、第四次の開始決定に期待される役割は大きいと、私たちは、大島裁判長に訴えた(70)。

こうして、二〇〇八（平成20）年10月31日に下されたのが、第四次の再審開始決定（大島隆明、五島真希、横倉雄一郎）である(71)。

大島開始決定は、①泊会議と②細川論文に関する弁護人の主張は認めなかった。①の泊会議について、治安維持法の目的遂行行為の当時の解釈として、結社の存在は必須のものではなかったから、泊会議が党再建準備会でなかったとしても、法解釈の当否の問題で、再審請求の理由とはなり得ない、②の細川論文が共産主義的啓蒙論文か否かは、その表現のほか、論文執筆の動機や経緯等を総合して判断すべき事実認定の問題で、鑑定によるべきものではない、というのである。

ただし、大島開始決定は、細川論文について、「細川論文は、いったんは内閣情報局の正規の検閲手続を通過して『改造』に掲載されたものであると推認され、売れ行きもよく、出版当初は特に問題とされることもなかったにもかかわらず、陸軍報道部の将校がこれを戦時下における巧妙な共産主義の扇動であるとして問題視したことが発端となって、事件化したものであるから、その内容にソ連や中国共産党に言及する部分が少なからずあったとしても、当時の一般的評価としては、共産主義的啓蒙論文といえるものであったか否か疑問を禁じ得ないところである」と判示し、細川論文の共産主義的啓蒙論文該当性には疑問があるとした。

ついで、決定は、③拷問による虚偽自白について、拷問による自白は証拠にできないという「証拠能力」の問題としてではなく、共犯者とされた相川や小野の自白が信用できるかという

「証明力」の問題として検討するとした。第三次再審請求の抗告審決定（中川決定）とは異なり、自白の中身に入り、自白の真偽を判断するというのである。その結果、③の拷問による虚偽自白の判断において、①の泊会議と②の細川論文について実質的な判断が示されることになった。

そして、大島開始決定は、拷問事件判決と「口述書」などによって拷問の事実を認めたうえで、自白の虚偽の疑いがある部分とは、泊会合の開催や細川論文の掲載という「行為の外形」ではなく、泊会議が党再建準備会だったことおよび細川論文が同会議の決定に基づく共産主義的啓蒙論文であるとの認識を有していたのか否かであるところ、この点について、小野らは、検察官や予審判事に拷問の事実を申し立てて否認したのに聞き入れてもらえず、公判でも同様だったことがうかがわれるとした。大島開始決定は、泊会合の開催や細川論文の掲載という客観的事実ではなく、泊会合と細川論文の目的という主観的事実が問題だったのであり、まただからこそ拷問を用いる必要があったのだという第四次の主張を正面から認めたのである。

そして、小野に対する確定判決が、予審終結決定で認定されていた泊会議について何ら触れることなく削除し、また確定判決が認定した編集会議と細川論文掲載の時期の間隔が短すぎることなどに照らすと、「原確定審裁判所が小野及び相川の各供述について慎重な検討を行ったとは認められず、かえって、総じて拙速と言われてもやむを得ないようなずさんな事件処理がされたことがうかがわれるところである」と判示した。

さらに、決定は、泊会議について、「同会合が日本共産党を復興再建するための秘密の会合であるとうかがわれる様子は見られず、むしろ細川が戦時下の劣悪な食糧事情の下で雑誌編集者らを郷里に招いて接待し、遊興をさせるための会合であった可能性がかなり高くうかがわれるというべきである」、「日本共産党再建準備会のような極秘を要する会合を開くというのに、料理店での宴席には芸者を呼び、酒を持って船で行楽に赴くなどの派手な行動をし、スナップ写真を撮ったり、細川が料理店の経営者のため記念に色紙を書くなどの証跡を残すということは考え難い」、「確定判決において泊会議の事実を認定していない以上、泊町での会合が単なる慰労会であったとしても、このことが直ちに小野に対し無罪を言い渡すべき事情とはならないものの、それが泊会議の存在を否定する横浜事件関係者らの供述に沿うものであるとともに、泊会議が党再建準備会であることを認めた上で、その活動の一環として確定審の認定した各行為に及んだものであるという小野及び相川の各供述の信用性に一層の疑問を抱かせる事情であるといえる」と判示した。大島開始決定は、泊会議が虚構だったと認めたのである。

加えて、大島開始決定は、横浜事件の火付け役ともいうべき陸軍報道部の平櫛孝が横浜事件に関する黒田秀俊の記述を事実と認めていること、当初の相川手記や特高月報には泊会議への言及がないのに、その後の相川手記には泊会議が登場し、さらに相川はこれを訂正しようとしていることも、相川供述の信用性に疑問を生じさせる事情と判示した。

6 権力によるフレームアップを認めた大島開始決定

大島開始決定は、司法関係者の責任についても率直に認めた。

例えば、つぎのように。「横浜事件の記録も、裁判所（検事局を含む。）の側において、連合国との関係において不都合な事実を隠蔽しようとする意図で廃棄した可能性が高いのであるから、裁判所の責任において、できる限り関係する資料から合理的に確定審の記録の内容を推知すべきである。新旧の証拠資料の対照が困難であるという理由で、安易に確定判決の有罪認定に合理的な疑いを抱かせるに足りる蓋然性の有無の判断が不可能であると判断して再審請求を認めないなどというのは裁判所の執《と》るべき姿勢ではなく、でき得る限り、確定記録のある場合に比し請求人らに不利益にならないよう証拠の再現等に努めるのが裁判所の責務であると解される。」

そして、第一次再審請求の裁判所の判断について、「判断過程の途中で、確定記録が存しないことを理由に明白性の判断を諦めているともいえる」と判示した。大島開始決定は、第一次再審請求の裁判所の姿勢（和田決定、坂本決定、香川決定）を誤りだったと認め、これを明確に批判したのである。

大島開始決定によれば、横浜事件の有罪判決は、「拙速と言われてもやむを得ないようなずさんな事件処理」によって下された。要するに、横浜事件は、特高による拷問だけでなく、これを放置・隠蔽した検察官、予審判事、裁判官によって捏造された事件だったのである。

こうして、第四次で初めて横浜事件が権力によるフレームアップであることが認められた。

そして、検察官は、即時抗告を申し立てなかった。

そこで、残されたのは、再審公判だけとなった。しかし、第三次の最高裁判決に従えば、本件についても、刑の廃止と大赦を理由に免訴とされることになる。決定も「小野につき再審を開始しても、……免訴判決をするほかない」と判示していた。しかし、横浜事件の真実に光を当てた再審開始決定を下した大島裁判長による公判であるだけに、私たちは、何としても実体審理に入り、「被告人は無罪」という言葉が公開の法廷で発せられることを望んだ。

横浜事件の再審開始決定から二か月後の二〇〇八（平成20）年12月24日、足利事件のＤＮＡ再鑑定命令が下された。私は、並走してきた二つの再審がともに最終コーナーに差しかかったことの圧力に耐えながら、二〇〇九（平成21）年という年を迎えた。

第四次再審公判

1 公判期日――無罪の弁論

第四次の再審公判は、二〇〇九（平成21）年2月17日に開かれ、一回で終わった。

冒頭に大島裁判長から、再審公判に至る経過が説明され、検察官が空席の被告人席に向かって、起訴状に相当する予審終結決定を読み上げた。ついで、証拠調べに移り、第一次、第二次で取り調べられた証拠がすべて取り調べられ、弁護側が請求した荒井信一氏と橋本進氏の証人尋問を経て、請求人二人の意見陳述、私と大川弁護士の弁論によって終わった。

なお、法廷は、その年の5月から始まる裁判員裁判用に改造され、モニターが設置されていた。そこで、私は、パワーポイントを使って弁論し、内出血で太股が真っ黒に腫れ上がった小林多喜二の死体写真をモニターに映し出した。かつては「小樽文学館」に展示されていたが、天皇の行幸を理由に撤去されて以来非公開になったと聞いていたから、横浜事件の法廷で裁判官にも直視してもらう必要があると考えたからである。小野らは、「多喜二のようになりたいのか！」と威嚇され、拷問されたのだ。

大島裁判長が免訴事由の存在を理由に審理を打ち切らず、無罪立証を許し、無罪の弁論に耳を傾けたことは、「無罪判決」への期待を高めたことはいうまでもない。判決期日は二〇〇九（平成21）年3月30日と定められた(72)。

再審公判の三日後の2月20日は、多喜二の命日で、毎年全国で「多喜二祭」が開かれている。私は多喜二が眠る小樽を訪ねることにした。当日「小樽文学館」の多喜二のデスマスクの前で解説を聴く一団の人たちがいた。そのあとバスで多喜二の墓に向かうという。私はそれが多喜二にゆかりの場所をめぐるバスツアーとは知らずに紛れ込み、やがてそこに『小林多喜二』（岩波新書）の著者ノーマ・フィールドさんが参加されていることを知り、ちょうど携えていたその本にサインを頂いた。ノーマさんは私と同世代で、学生時代はアメリカでスチューデントパワーを経験された方である。深い雪の中に眠る多喜二の墓前で、私は、横浜事件の無罪を誓った。

しかし、3月30日に大島裁判長から下された判決（大島隆明、五島真希、横倉雄一郎）は免訴だった(73)。「無罪」を祈っていた私たちは、「免訴」と聞いて落胆した。横浜地裁一〇一号法廷を埋め尽くした傍聴席の誰もがそうだったろう。しかし、判決理由を聞くにつれ、「実質無罪」だと分かった。

②「実質無罪」の免訴判決

その後交付された判決書の判決理由を読んで、その思いを強くした。では何故「無罪」ではなかったのか。

大島判決は、①「本件再審に至る経緯等」と②「当裁判所の判断」から成る。②の部分が何故「無罪」ではなく「免訴」かを説いた部分である。しかし、判決は、その前に①を置いた。そして、①で「実質無罪」であることを示したのである。

判決は、①として、横浜事件の経緯、予審終結決定と有罪判決の内容、特高の拷問を認めた有罪判決の存在、再審請求の経緯を記したあと（この部分は横浜事件を総括する文章でもある）、再審開始決定の要旨を掲げた。

そして、起訴の根拠とされた「拷問による自白は、捜査官の意に沿った内容を強いられた疑いが強いものであって、信用性が乏しいことは明らかである」、「（泊の）会合が日本共産党を復興再建するための秘密の会合であるとうかがわれる様子は見られず、……細川が戦時下の劣悪な食糧事情の下で雑誌編集者らを郷里に招いて接待し、遊興をさせるための会合であった可能性が高いものと判断される」とした。判決は、あらためて自白、そして泊会議は虚構だったと認めたのである。したがって、「細川論文の掲載や細川家族の救援等の個々の具体的行為を、国体を変革することを目的とし、かつ私有財産制度を否認することを目的とする前記各結社の目的遂行のためにする意思をもってなしたことなどの主観的要件等につき、これを証すべき的確な証拠が存在しないこととなる。」

大島判決のもっとも重要な判示は、つぎの部分である。「このような内容の再審開始決定をしたことを受けて、再審公判では、再審開始決定の根拠となった全ての証拠を取り調べている。そして、本件公訴事実は既に半世紀以上も前の事実を対象とするものであるから、さらに新たな証拠が発見・請求される可能性は極めて乏しく、法的な障害がなければ、再審公判において直ちに実体判断をすることが可能な状態にあるということができる。」

大島判決は、「法的な障害」がなければ、「再審公判において直ちに実体判断をすることが可能な状態にある」と明言した。ここにいう「法的な障害」とは「免訴事由」のことであり、「実体判断」とはむろん「無罪」の意味である。

②の「当裁判所の判断」は、「法的な障害」の説明で、「通常の刑事裁判における免訴」と「再審公判手続における免訴」から成る。

③ 最高裁判決の〝壁〟

大島判決は、「通常の刑事裁判」で無罪に熟している場合は、免訴事由がある場合でも、無罪とすべきであるという考え方について、それによると「審理が相当進んだ段階であるのに無罪判決ではなく免訴判決がされたときには、実際には有罪であったのではないかとの印象を与えることにもなりかねない」とし、疑問があるとした。「無罪のときは、免訴判決ではなく、無罪判決にすると、反対に「免訴判決のときは、有罪」と理解されかねないというのである。

しかし、ここでの問題は、「再審公判」の場合である。再審公判は、有罪の確定判決が存在し、それが誤っていた可能性があるとして開始されるものだからである。そうであるのに、再審開始決定を受けた「再審公判」で、「免訴事由」があるから、有罪無罪の実体判断は許されず、「免訴」とするほかはないというのは、どう考えてもおかしい。判決も、「再審を請求して自ら進んで刑事裁判手続を復活させた被告人の遺族らは、再審により無罪判決を得ることによって被告人の名誉回復を図ろうとしているのであり、また、その結論のみを望んでいるといっても過言ではないのであるから、免訴事由が存在するからといって実体判断をせずに免訴判決を下すのであれば、死者の名誉回復を望む遺族らの意図が十分には達成されないことになるのは明らかである。このような遺族らの心情自体は、前記第1（注・前記①のこと）記載の本件再審に至った経緯や当公判廷で取り調べた関係各証拠に照らせば容易に理解できるものである」と「再審」の場合の特殊性を認めた。

しかし、大島判決は、「再審公判において免訴事由が存在する場合の実体的審理及び裁判の可否については、本件のような再審事由の場合のみならず、他の再審事由により開始された場合も含めて全体的に整合的に考察しなければならない」として、「本件の場合についてはさておき、一般的には、再審請求の根拠となった新証拠について、再審公判における検察官による立証活動等により再審開始決定とは異なった証拠評価がされるなどして再び有罪の判決がされる可能性もあり、審理打切りによる被告人の利益が多少なりとも存在することは通常の訴訟手続の場合と同様であると解される」といい、結局、「再審公判」も「通常の刑事裁判」の場合と異ならないとした。「本件の場合についてはさておき、一般的には」、再審が開始されたとしても有罪とされる場合があるから、免訴事由があるのに、無罪とすることを認めることは、反面、免訴は有罪を意味しかねないというのである。

そして、「本件のように再審の第一回公判を経るだけで直ちに実体判断が可能な状態に至っていることも、その判決の在り方を異にする理由とはなり得ないというべきである」、「被告人が争って無罪判決を求めているのに免訴判決によって途中で訴訟を打ち切られるという点については、通常の刑事裁判手続でも同様であって、現に、横浜事件の被告人の一人である細川も全面的に争う予定であったのに同様の理由で免訴判決を受けていること等からすれば、そのことが直ちに不当であるとはいえない」と判示した。細川嘉六が免訴とされているのだから、小野らも免訴でいいではないかというのである。

そして、「本件については、横浜事件の歴史的背景事情、後に神奈川県特高による拷問が認定された有罪確定判決が存在すること、本件の確定判決は終戦直後の混乱期に言い渡されたもので、本来保存されているはずの事件記録が故意に廃棄されたと推認されることや前記の再審請求手続の経緯など、一般の再審とは異なる種々の特殊な事情があるものの、このような特殊事情の一つ一つを取り上げて検討しても、それらはいずれも免訴事由のある場合に通常とは異なり無罪の実体判断をすべきことに論理的に繋《つな》がり得る事情とはいえず、結局、本件再審については実体判決をすることはできないものと解さざるを得ない」と結論づけた。

横浜事件の再審に「一般の再審とは異なる種々の特殊な事情」があることを率直に認めながら

（「本来保存されているはずの事件記録が故意に廃棄されたと推認される」という判示も画期的である）、自白せず最後まで全面的に争う姿勢を示していた細川が免訴判決を受けたことにも言及して、理解を求めたのである。

弁護人は、再審公判で、「第三次最高裁判決は、免訴判決を是認したにすぎず、裁判所が免訴ではなく無罪とすることを違法であるとしたものではない」と主張した。第三次最高裁判決（今井判決）の壁を前に「それしかなかった」からでもあるが、再審が無辜《むこ》（＝無実の者）の最後の救済手段であることを考えると、十分に成り立つ議論であり、また、そうでなくてはならないと思う。例外のない原則はない。本件が例外（それも極限の）であることは、判決自体が示しているではないか。現にドイツでは第一次世界大戦中の誤った裁判について名誉回復のために無罪宣告がなされるべきことが説かれている（私の平成21年3月6日付弁論補充書参照）。

ところが、大島判決は、右最高裁判決は「免訴事由が存する場合に、実体判決を行うことはできないと解していることは明らかであり、その（弁護人）主張は失当といわざるを得ない」とこれを排斥した。大島裁判長らの前に最高裁判決の「壁」が立ちはだかっていたのである。

4 免訴判決を確定させ、刑事補償請求へ

しかし、大島判決は、「なお、本件再審公判において免訴判決がされることによって、有罪の

確定判決がその効力を完全に失う結果、これによる被告人の不利益は、少なくとも法律上は完全に回復されることとなるが、前記のとおり、無罪の公示がされないことなどから、その結論が被告人の名誉回復を望む遺族らの心情に反することは十分に理解できるところであるので、この点について若干補足する」と言葉を繋《つな》いだ。

「その結論」とは「免訴」のことである。判決は、「無実」なのに「免訴」という「結論が……遺族らの心情に反することは十分に理解できる」というのである。

そして、以下のように判示した。「刑事補償法25条は、刑事訴訟法の規定による免訴の裁判を受けた者は、もし免訴の裁判をすべき事由がなかったならば無罪の裁判を受けるべきものと認められる充分な事由があるときは、国に対して補償を請求することができると規定しているのであって、本件において免訴判決確定後にその請求があれば、今後行われるであろう刑事補償請求の審理においては、刑の廃止及び大赦という免訴事由がなかったならば、無罪の裁判を受けるべきものと認められる充分な事由があるか、という点を判断することになり、適法な請求である限りは、それに対する決定の中で実体的な判断を示すこととなる。」

これは第三次最高裁判決に付された今井功裁判官、古田佑紀裁判官の各補足意見を踏まえたものであるが、それをいっそう明確にしたものである。

大島判決は、「再審公判」では「免訴」とせざるを得ないが、「刑事補償請求」がなされれば、裁判所は「もし免訴の裁判をすべき事由がなかったならば無罪の裁判を受けるべきものと認められる」かどうかの「実体的な判断」、すなわち「無罪」かどうかを示すというのである。

そして、大島判決はこう述べた。「その決定が……公示されれば、再審の無罪判決の公示の場合と全く同視することはできないにせよ、一定程度は免訴判決を受けた被告人の名誉回復を図ることができるものと考えられる。」

第四次の判決も「免訴」であり、「無罪」ではなかった。しかし、第四次の「免訴」は、第三次の「免訴」をさらに一歩「無罪」に近づけた。そして、刑事補償決定によって裁判所による「無罪」の「結論」が示されることになる。大島「免訴」判決は、横浜事件の無罪への道筋をそう説いた。

第四次でも、第三次と同様、第一審の免訴判決に対し「無罪」を求めて控訴もできた。しかし、第四次弁護団は、すみやかに刑事補償請求を行うことにして、免訴判決を控訴しないで確定させた（二〇〇九〔平成21〕年4月6日）。そして、二〇〇九（平成21）年4月30日、刑事補償請求を行った。「無罪」を求めて(74)。

第四次・第三次刑事補償請求

1 第四次と第三次の再びの「合流」

第三次の免訴判決（松尾判決）は、二〇〇八（平成20）年3月14日の最高裁判決によって確定していた。しかし、第三次弁護団は、同年9月9日および9月12日に費用補償請求を行ったものの、何故か、刑事補償請求は行っていなかった。その結果、第四次の刑事補償請求が第三次に先行することになった。第三次の刑事補償請求がなされたのは、第四次から一か月後の二〇〇九（平成21）年5月29日のことである(75)。

私たちは、第三次の刑事補償請求によって、第三次と第四次が最後に一緒になったことを素直に喜んだ。そして、裁判所に、第三次の刑事補償決定は、第四次と同時でかまわない旨を上申した。大島裁判長のもとで再審請求審が係属したのは第四次であって、第三次ではない。しかも、第三次は、確定判決が存在しないだけでなく、「泊会議」以外の事件を含んでいた。既にみたように、刑事補償決定を下すためには、「免訴事由」がなければ無罪判決を受けるべきものと認められる場合に当たるか否かを判断しなくてはならない。第四次の再審開始決定を下した大島裁判長にとっては、第四次がそれに当たるかどうかの判断は極めて容易だった。しかし、第三次については、いわばゼロから記録を精査する必要があった。当然、相当の日数を要する。しかし、私たちは、敢えて、第四次は、第三次と同時に終わることを望んでいると裁判所に上申したのである。

刑事補償請求に対する決定を待つ間の、「泊会議」（一九四二年）から六七年後の二〇〇九（平成21）年7月5日、富山県泊（現朝日町）で「横浜事件再審裁判報告（富山）集会」が開かれた。私は、6月4日に自由を回復した菅家利和氏とともに参加し、細川嘉六先生の墓前で裁判の報告をした(76)。

2 大島補償決定が認めた横浜事件の虚構

そして、第四次の免訴判決から一一か月後の二〇一〇（平成22）年2月4日、横浜地方裁判所第二刑事部（大島隆明、五島真希、水木淳）による第三次と第四次の刑事補償決定（大島補償決定）が下された。私たちは、同時に決定を受け取るものとばかり思っていた。しかし、何故か、第三次弁護団は、それを拒み、第四次が午前10時、第三次が午前11時と時間をずらし、記者会見も別々に開くことを求めた。私たちもそれを認めるほかはなかった。第三次と第四次の大島補償決定に実質的な差異はない。しかし、第三次は、何故か、大島補償決定を高く評価しなかった。第四次の再審開始決定（大島開始決定）と免訴判決（大島判決）の延長線上の判断であることが、横浜事件の再審をリードしてきたという第三次の自尊心を損ねたためかもしれない。しかし、だからといって、第三次と第四次の刑事補償決定の意義を過小評価することは正しくない。そこで、第三次の立場からは異論があるかもしれないが、そのことを承知で、大島補償決定の意義についてみておこう(77)。

まず、大島補償決定は、小野に対する予審終結決定にはあったが確定判決では認定されなかった「泊会議」について、「横浜事件を象徴する支柱ともいうべき事実」であり、「泊会議の事実の存否は当然に他の有罪とされた行為における主観的要件の有無に関連してくることとなるので、改めて検討する必要がある」としたうえで、「細川らが泊で宿泊し、遊興したこと以外に、共産党再建準備会を開催し、その後の活動方針を決定したという事実を認定するに足りる証拠は存在しない」として、改めて「泊会議」を架空と認めた。

なお、その際、決定が「日本政府にとって不都合な書類が連合国の目に触れないよう各官庁において大量に焼却されたことは半ば公知の事実である」とし、「横浜事件の記録に関しては、治安維持法が廃止され、免訴判決が出され、関係者の事件が全て終わった後ころに、その大部分が人為的に消失させられた疑いが濃いといえる」としたことも見逃せない。

つぎに、大島補償決定は、小野に対する確定判決が犯罪事実とした「細川論文の掲載」について、「7月5日の泊会議の決定に基づいて細川論文を『改造』に掲載する方針が採られたという公訴事実に関しては、泊の会合と改造社内における細川論文の掲載決定の時間的な先後が逆である可能性が高く、このことからみても、細川論文の掲載が泊会議で決定された方針に基づく行為であるとする公訴事実は成り立たず、結社の目的遂行行為であるという大きな根拠が認められないことになる」とした。

また、細川論文が共産主義的啓蒙論文だったかについて、大島補償決定は、「今日の視点で、当時の時代背景を視野に入れつつ、細川論文の目的、思想を改めて審査」することは、「当を得たものとはいえない」としながらも、「細川論文は、いったんは内閣情報局の正規の検閲手続を通過して『改造』に掲載されたものであると推認され、当時の外部的な反響等からみると、売れ行きもよく、出版当初は特に問題とされることもなかったにもかかわらず、陸軍報道部の将校がこれを戦時下における巧妙な共産主義の扇動であるとして問題視したことが発端となって、事件化したという経緯を辿っていることがうかがわれ、その内容にソ連や中国共産党に言及する部分が少なからずあったとしても、当時の一般的評価としては、共産主義的啓蒙論文といえるものであったか否かは疑問を禁じ得ない」とした。

残る小野に対する確定判決の犯罪事実である「細川家族の救援」について、決定は、拷問による小野らの訊問調書は信用できず、他に証拠はないとした。

まとめとして、決定は、『小野の予審終結決定書に記載されたいずれの事実についても、現存する資料を基に確定審当時存在したであろう証拠を検討しても、到底これらを認定することはできなかったというべきであり、……大赦及び刑の廃止という事実がなく、再審公判において裁判所が実体判断をすることが可能であったならば、小野は無罪の裁判を受けたであろうことは明らかであり、刑事補償法二五条一項の「無罪の判決を受けるべきものと認められる充分な事由」があったものということができる』と判示した。

小野の無実がこうして裁判所によって認められた。

3 特高警察による拷問を認定

ついで、大島補償決定は、「補償額」の判断に移り、『留置場及び拘置所内の劣悪な環境に加え、前記のとおり、小野は、身柄を拘束されている中で、松下らを被告人とする特別公務員暴行傷害罪の被害者となった益田と同様又はそれ以上の拷問を特高警察から受け、その内容についてみても、木刀、竹刀《しない》やこれの壊れたものなどで乱打され、靴で蹴られ、頭髪を掴まれてコンクリートの床に打ち付けられ、ときには吊し上げられたりされるなどの暴行を加えられ、「殺してやる」などと脅されたというのであるから、その被った肉体的苦痛は計り知れない』と拷問の事実を確認したうえで、「特高警察が故意に事件を捏造したか否かについては様々な憶測があり、関係記録上は定かではないが、旧刑事訴訟法下においても法律上は暴行・脅迫を用いた取調べは許されず、特別公務員暴行傷害罪を構成する犯罪行為なのであるから、仮に、特高警察が、検挙した横浜事件関係者にそのような嫌疑があるものと信じていたとしても、そのような違法な手法で捜査を進めたことには、故意に匹敵する重大な過失があったと言わざるを得ない」とした。

「前記のとおり」とは、特高による拷問の事実を詳細に認定した個所を意味している。拷問事件判決を証拠とした第一次請求を否定した裁判所の判断が覆《くつがえ》された重要な部分なので、長くなるが、そのまま引用する。

「以上のとおり、益田の口述書と対照すれば、前記東京高裁判決（引用者注・拷問事件高裁判決）が、ほぼ益田の口述書のとおりの事実があったものと認定したことがうかがえ、益田の口述書は基本的には信用できるものといえる。そうすると、これは益田に対する取調べに関するものではあるが、松下ほか2名は、横浜事件の捜査全体に関与し、森川は実際に小野や相川らを含む泊町の旅行に参加したすべての者の取調べも担当していたものであるから、益田に対する拷問が動かしようのない事実であるということは、小野らに対する被告事件についても、相応の関係あるいは意味を有することは明らかであって、益田に対する拷問が、横浜事件の特高警察による取調べの中で例外的な出来事であったとは考え難く、益田に対してとられていた苛酷な取調方法は、ほぼ同じ時期に同様の被疑事実により取調べを受けていた他の被疑者に対しても同様に行われていたものと容易に推認することができる（多数ある告訴事実の中から、益田に対する拷問の事実のみが起訴されたのは、益田の口述書にもあるように、口述書作成当時も益田の両股に傷跡が残っていたことなど、告訴事実について、被害者本人の供述以外の客観的な立証手段が残っていたためであると推認される）。そうすると、益田に対する特別公務員暴行傷害罪に係る有罪確定判決の存在は、小野の口述書の信用性を裏付けるものといえるのであって、益田に対する拷問と同様の拷問が小野に加えられたことが合理的に推認される。

また、相川が前記告訴に当たって提出した口述書によれば、相川も小野や益田と同様に、特高警察から拷問を受けたというのであり、その拷問の内容、態様、回数等が小野や益田の拷問のそれと酷似し、前記のとおり取調べに当たった特高警察官も共通していることからすれば、相川の口述書の信用性を否定することはできず、むしろ、相川の手記〔本件再審請求審甲15〕によれば、特高警察から、相川が改造社における細川論文の掲載者の中心人物に据えられ、細川に頼まれて小野らを泊会議への参加を呼びかけていた人物と目されていたことがうかがわれるのであって、小野や益田と匹敵するものかそれ以上の拷問を受けていたとしても不自然ではない。

さらに、木村、平館、加藤及び西澤らも、時期を同じくして特高警察に検挙され、同人らの口述書によれば、暴行の内容、態様等に違いはあるものの、益田や小野、相川と同じような拷問を受けていた事実が記載されているのであり、その信用性を容易に否定することはできず、同人らも小野らと匹敵する拷問を受けていたことが推認される。なお、前記のとおり、西尾は、保釈後間もなく死亡したため、他の泊会議参加者と異なりその特高警察による取調べの内容を記す口述書等が存在しないものの、西尾が小野らと同様に泊会議に参加し、小野と同時に検挙されて特高警察の取調べを受けており、その取調べの手段が前記のとおり多分に拷問によるものであったと認定できるのであるから、西尾についても同様の拷問が加えられていたことが推認される。

そうすると、泊会議に参加したことから治安維持法で検挙された小野ら被疑者は、特高警察官から受けた拷問の回数、内容、程度等に各々差異があるのは当然であるものの、ほぼ各口述書に記載されたとおり、治安維持法違反の嫌疑により警察署に検挙された直後ころから、当時劣悪な環境にあった警察署留置場に勾留されている間、糧食の授受を制限され、取調べ中には、相当回数にわたり、厳しい脅迫を受け、時には失神させられるような暴行を伴う激しい拷問を加えられ、生命の危険を感じるなどした結果、特高警察官らの強制誘導に屈して、やむなく虚偽の自白をして手記を作成したり、取調べの先行している関係者らの供述に沿う形で、特高警察官らの思い描く内容の手記を同人らの言うがままに作成したり、これらに基づいて作成された同様の内容の訊問調書に署名指印したりすることなどを余儀なくされたことが合理的に推認されるところである。さらに、相川の口述書によれば、その後、検事局の取調べを受ける前日には、特高警察官らによる暴行が加えられたというのであるから、特高警察官の暴行の影響が検察官の取調べ時にも及んでおり、勾留期間が長期にわたっている中、早期の釈放や取調べ終了後の移監などを期待して、検察官や予審判事に対しても同様の自白をした者がいたとしても決して不自然ではなく、むしろ、その影響は簡単には断ち切れないものと見るべきであろう。」

4 思想検事と思想判事の過ちを認定

さらに、大島補償決定は、検察官について、「旧刑事訴訟法においても起訴権限は検察官にあり、起訴するにあたっては、証拠の信用性等につき慎重に吟味する必要があったのに、拷問等の事実を見過ごして起訴したという点には、少なくとも過失があったことは認められる」とし、予審判事について、「小野を含む横浜事件の被疑者らに対する特高警察による拷問の事実等を見過ごしたまま小野らを公判に付したことにつき、予審判事に少なくとも過失があったというべきである」とし、確定判決を下した裁判官について、「総じて拙速、粗雑と言われてもやむを得ないような事件処理がされたものと見ざるを得ず、慎重な審理をしようとしなかった裁判官にも過失があったと認めざるを得ない」として、思想検事と思想判事の責任を認めた。

そして、決定は、つぎのように結論づけた。「小野に対する有罪判決は、特高警察による思い込みの捜査から始まり、司法関係者による事件の追認によって完結したものと評価することもできるのであって、警察、検察及び裁判の各機関の故意・過失は総じて見ると重大であったと言わざるを得ない。」

決定は、横浜事件が権力による犯罪だったことを認めたのである。

5 弁護人の責任

ところで、横浜事件の有罪判決は、故海野普吉弁護士が裁判所の事件処理に協力して下された。そこで、私は、弁護人にも責任があると述べたことがある。

しかし、大島補償決定は、「当時、横浜事件の極めて多数の被告人の弁護を海野弁護士が一手に引き受けており、同弁護士は他にも引き受け手の乏しい思想関係事件の弁護活動を広く行っていたことが認められ（る）」とし、「本件当時、拘置所の衛生環境、食事等は極めて劣悪であり、海野弁護士は接見に行った際に何度も棺桶が運び出されるのを目にしたこともあるというのであって〔本件再審請求審甲8〕、また、横浜事件の被告人の中には、裁判を待たずに獄死した者も出ていたので、同弁護士が、被告人の早期の釈放を最も重要な目標として、裁判所に対して妥協的な弁護活動をしたとしても何ら責められるべきではないと考えられる」、「依頼者である被告人の生死がかかっているという現代からは想像のできないような厳しい状況下での弁護方針の選択であるから、今日の目から見て真実のために断固として争うべきであったなどとその弁護方針を安易に非難することはできない」とした。

だから、小野の側に落ち度があったとはいえず、刑事補償法が定める最高額（一日一万二五〇〇円）を減額する理由はないと決定は結論づけたが、そのことを離れて、そのとおりというべきであろう。

海野弁護士は、横浜事件の真実の解明を、あとに続く者に託されたのだと今思う。第一次、第二次、第三次、第四次に限っても、故森川金寿弁護士、大川隆司弁護士、故日下部長作弁護士と継がれてきた篝火《かがりび》を最終走者として灯火台に運ぶことができた栄誉は、横浜事件を闘ったすべての人のものである。

こうして横浜事件の司法の場での闘いは終わった。

なお、前に述べたように、第三次の費用補償請求は、大島補償決定から一か月後の二〇一〇（平成22）年3月4日に裁判所（大島隆明、大寄久、水木淳）の判断が示されたが、請求は棄却された。理由は、刑事訴訟法の費用補償請求は、無罪の場合に限られ、免訴の場合は認められないという法解釈の結果である。第四次でも費用補償の請求を検討しなかったのではない。しかし、費用補償は、一九七六（昭和51）年にできた現行刑訴法上の制度で、法文上「無罪」の場合に限られており（刑訴法一八八条の二）、第三次の最高裁判決、第四次の免訴判決でもまったく言及されなかったから、認められる可能性はないと判断して行わなかったのである。

横浜事件再審裁判の総括

こうして、横浜事件の再審裁判は、紆余曲折を経た。最初と最後は一緒だったが、途中、第二次・第四次と第三次に分かれ、その影響は、再審裁判の評価にも及び、本書を含む横浜事件の裁判記録も第四次だけの責任で製作することになった(78)。

そこで、横浜事件の再審裁判の評価は、文字どおり後世に委ねるほかはないが、既にみたように、第一次、第二次、第三次の「一点突破」型の再審請求が続く中、第三次の苦心の「ポツダム宣言受諾による治安維持法の失効」という主張が大石鑑定によって支持されたことによって初の「再審開始」決定(矢村決定)が下され、即時抗告審で、浅古鑑定に拠った中川決定によりこれが正され、「拷問による自白」を理由とした再審開始が確定したこと、これを受けて、「泊会議の虚構」と「細川論文の共産主義的啓蒙論文非該当性」を理由に既に申し立てられていた第四次の「総合評価」型の再審請求が、大島隆明裁判長と出会うことによって、「拷問による自白」をも再審理由に加え、これによって横浜事件が「権力によるフレームアップ」だったことを認めた画期的な再審開始決定(大島開始決定)を得、さらに、第三次再審公判の最高裁判決(今井判決)が示唆した刑事補償請求による「実質無罪」への道が、第四次免訴判決(大島判決)によって明確に示され、これに即応した第四次弁護団の判断によって、さらに画期的な第四次(と第三次)の大島補償決定を得ることができた、と総括できるだろう。

大島補償決定が下された二〇一〇(平成22)年2月4日から一週間後の2月12日、私は、宇都宮地方裁判所で、足利事件の最終弁論を終え、その一週間後の2月19日、多喜二祭の前日に一年ぶりに小樽を訪ねた。昼間、多喜二が通った急坂（地獄坂）を登った先にある小樽商科大学（旧小樽高等商業学校）で、この間治安維持法について教えを請うてきた荻野富士夫先生（もっとも先生は私よりも5歳年下である）からお話を伺い、その日の夜は、浩瀚な『小林多喜二伝』（論創社、二〇〇三年）を書かれた倉田稔先生（私よりも7歳年上）も交えて過ごせたことは、忘れがたい思い出である。

翌20日の多喜二祭の日、私は札幌に戻り、札幌駅からスタートする多喜二ツアーに参加し、雪の降りしきる多喜二の墓前で横浜事件の勝利の報告をした。

それから一か月余り後の3月26日、足利事件の無罪判決が下され、翌3月27日、「横浜事件再審裁判最終報告集会」が東京・水道橋の全水道会館で開かれた。

そして、6月24日、「読売新聞」、「朝日新聞」、そして「しんぶん赤旗」に「横浜地方裁判所」の「刑事補償法による補償決定の公示」が掲載された（次ページ）(79)。私たちが「赤旗」を指定したのは、むろん「泊会議」が「共産党再建準備会」とされていたからである。

こうして、一一年間、並走していた横浜事件と足利事件が私の中でひとまず終わった(80)。

本稿をヒロシマ・ナガサキから六六年、フクシマの年の8月15日に脱稿したことにも何かの意味があるに違いない。

「無罪の証明」として裁判所は官報のほか３紙に決定を公示した。

刑事補償法によると、裁判所は官報のほか申立人側が指定する３紙に、「免訴の裁判をすべき事由がなかったならば無罪の裁判を受けるべきものと認められた」ことを公示しなければならない。第四次では「朝日」「読売」と「しんぶん赤旗」を指定した。

朝日新聞 (平成22年)6月24日 木曜日

刑事補償法による補償決定の公示

亡小野康人に対する治安維持法違反被告事件につき、平成二一年三月三〇日言渡しの免訴判決が確定したので、免訴の裁判をすべき事由がなかったならば無罪の裁判を受けるべきものと認められる充分な事由があるとして、平成二二年二月四日次のとおり抑留拘禁による補償決定をした。

亡小野康人相続人小野新一（東京都八王子市）、同齋藤信子（東京都渋谷区）七八四日分九八〇万円

横浜地方裁判所

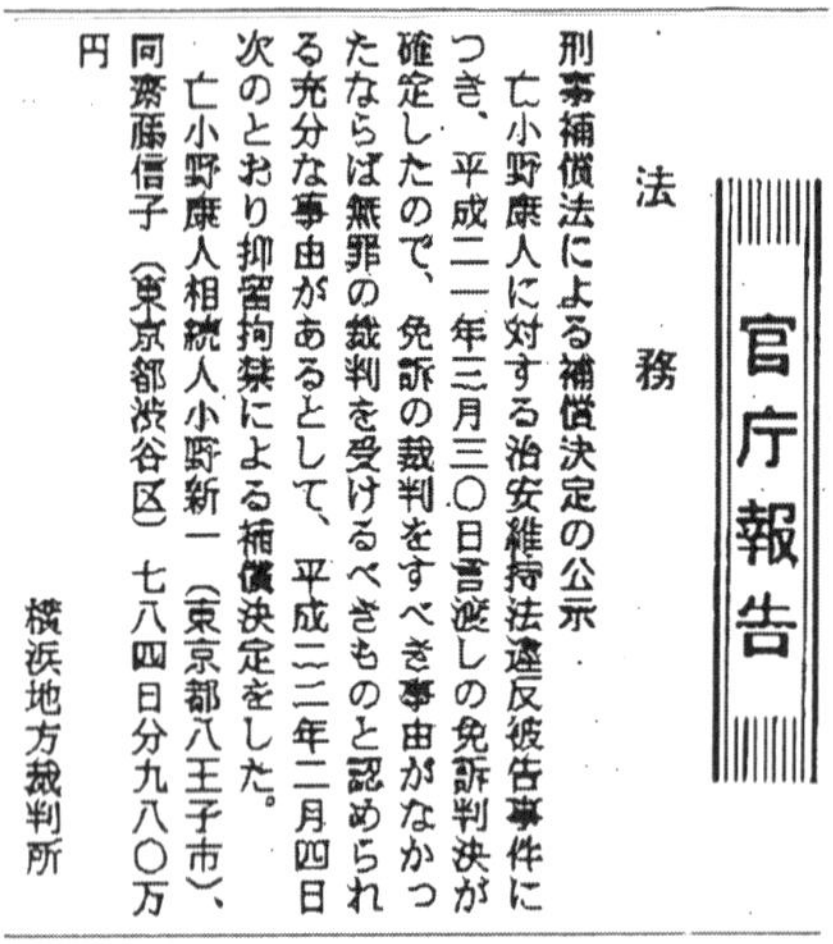
官庁報告

法務

刑事補償法による補償決定の公示

亡小野康人に対する治安維持法違反被告事件につき、平成二一年三月三〇日言渡しの免訴判決が確定したので、免訴の裁判をすべき事由がなかったならば無罪の裁判を受けるべきものと認められる充分な事由があるとして、平成二二年二月四日次のとおり抑留拘禁による補償決定をした。

亡小野康人相続人小野新一（東京都八王子市）、同齋藤信子（東京都渋谷区）七八四日分九八〇万円

横浜地方裁判所

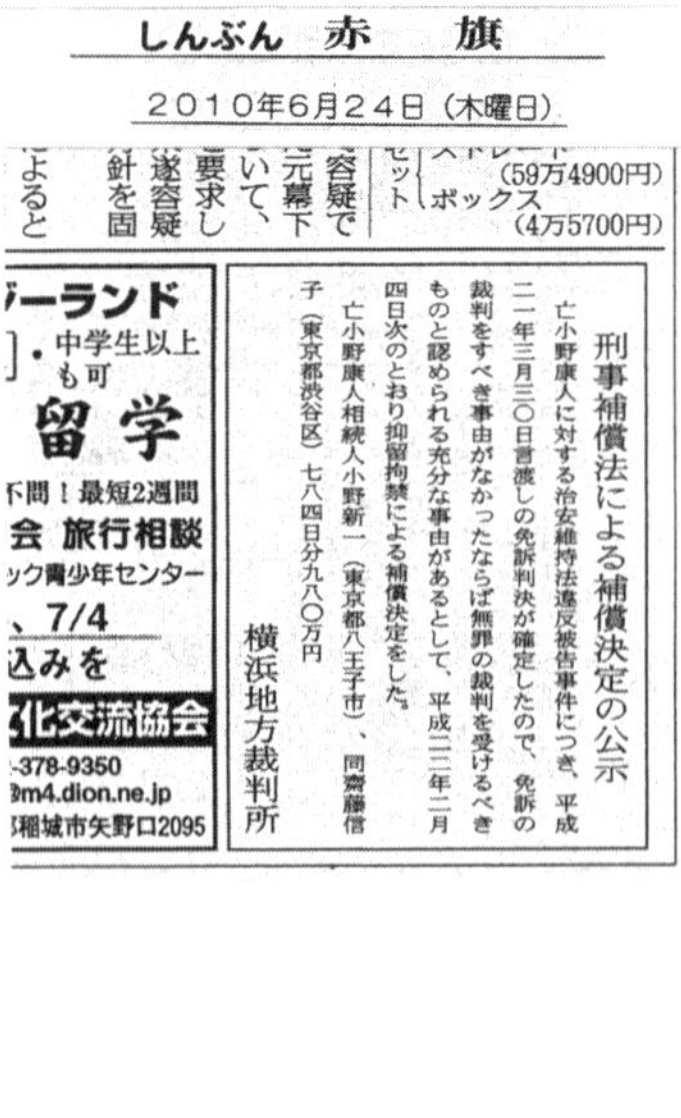
しんぶん赤旗 2010年6月24日（木曜日）

刑事補償法による補償決定の公示

亡小野康人に対する治安維持法違反被告事件につき、平成二一年三月三〇日言渡しの免訴判決が確定したので、免訴の裁判をすべき事由がなかったならば無罪の裁判を受けるべきものと認められる充分な事由があるとして、平成二二年二月四日次のとおり抑留拘禁による補償決定をした。

亡小野康人相続人小野新一（東京都八王子市）、同齋藤信子（東京都渋谷区）七八四日分九八〇万円

横浜地方裁判所

讀賣新聞 2010年(平成22年)6月24日（木曜日）

刑事補償法による補償決定の公示

亡小野康人に対する治安維持法違反被告事件につき、平成二一年三月三〇日言渡しの免訴判決が確定したので、免訴の裁判をすべき事由がなかったならば無罪の裁判を受けるべきものと認められる充分な事由があるとして、平成二二年二月四日次のとおり抑留拘禁による補償決定をした。

亡小野康人相続人小野新一（東京都八王子市）、同齋藤信子（東京都渋谷区）七八四日分九八〇万円

横浜地方裁判所

［注］

（1）のちに本文で触れるように、日弁連の再審支援を受けるためには、「予備審査」と「本審査」を経る必要がある。予備審査委員とは、その予備審査を担当し、予備審査報告書を作成するのが任務である。予備審査の結果は、「調査（本調査）開始」、「調査不開始」のいずれかで、「調査開始」とされてはじめて、「本調査」に移る。

（2）私が広島に移り住んだのは、父が税務署員でその転勤のためであるが、母は一九四五（昭和20）年8月6日広島で両親とともに被爆した。祖父は死体も見つからず（享年47歳）、祖母は私が3歳だった一九五二（昭和27）年に郷里の松江で死亡した（享年53歳）。つまり、私は被爆二世で、大学に入学した翌年の一九六八（昭和43）年に長岡弘芳氏の呼び掛けで始まった「原爆文献を読む会」に参加したのもそのためである。同会で中島竜美氏や笹本征男氏に出会った。三人とも故人となられたが、幸いなことに、父母はともに健在で横浜で一緒に暮らしている。

（3）佐藤博史「治安維持法の体制と構造（1）～（3）」破防法研究三三号四五頁、同三四号九頁、同三五号五頁（いずれも一九七八年）。その目次を示すと、序「思想犯」概念をめぐって、Ⅰ　治安維持法の軌跡（1思想係検事事務分掌規準、2第一次世界大戦から米騒動へ、3過激社会運動取締法案、4緊急勅令―第一次共産党と関東大震災、5治安維持法の制定、6維持法第一号―京都府学連事件、7一九二八年―三・一五事件と第一次改正・目的遂行罪、8一九三六年―思想犯保護観察法、9一九四一年―全面改正）、Ⅱ　治安維持法の構造（1要視察人視察制―日常的監視、2警視庁特別高等警察、3逮捕―拷問、4思想係検事と思想実務家会同、5予審判事、6目的遂行罪と指定弁護人制度、7予防拘禁―無制限の延長、8「転向」概念をめぐって）、結び「思想的内乱罪」とは何か、というもので、私なりに勉強して「治安維持法とは何か」を論じたものである。

（4）私は、一九七七年10月に発刊された奥平康弘先生の『治安維持法小史』（筑摩書房）の初版本を持っている。33年後の二〇一〇年3月27日、横浜事件の「最終報告集会」に奥平先生が参加されると知り（「横浜事件・再審裁判を支援する会」会報［以下、会報］70号参照）、本を持参して先生の署名を頂いた。私の一生の宝物である。

（5）「蟹工船」と並ぶ小林多喜二の代表作で、小樽における三・一五事件を描いたものである。拷問の舞台となった小樽警察署は、今は当時の面影もなく、小樽駅の駅裏の坂の途中に立つ。坂をさらに登ると多喜二が通った小樽商科大学（当時は小樽高等商業学校）がある。岩波文庫では『蟹工船／一九二八年三月十五日』で読むことができる。

（6）私は、文藝春秋誌に掲載された伊佐千尋氏の山本老事件に関する報告の執筆を手伝った（伊佐千尋「山本老・雪冤に賭けた五十五年」『文藝春秋』一九八五年一月号、二月号、同『法廷　弁護士たちの孤独な闘い』〔文藝春秋社、一九八六年〕所収参照）。

（7）荻野富士夫『横浜事件と治安維持法』（樹花舎、二〇〇六年）一〇頁によれば、戦前は「神奈川事件」と呼ばれていたが、後述の「笹下会」メンバーによる告訴がなされた頃から「横浜事件」と呼ばれ、定着したもののようである。

（8）紋左旅館は、現在も営業しており、細川らが宴会をした部屋を含む当時の建物の一部が移築され、事件の発端となった西尾が撮影した細川を囲む七名の集合写真の背景の石灯籠も残されている。

（9）細川が警視庁に逮捕された際に適用された治安維持法五条は、以下のとおりである。「第一条乃至第三条ノ目的ヲ以テ其ノ目的タル事項ノ実行ニ関シ協議若ハ煽動ヲ為シ又ハ其ノ目的タル事項ヲ宣伝シ其ノ他其ノ目的遂行ノ為ニスル行為ヲ為シタル者ハ一年以上十年以下ノ懲役ニ処ス」

（10）横浜事件とは、本文に書いたように、党再建準備会事件（泊事件）が中心であるが、米国共産党員事件を発端として、ソ連事情調査会事件、党再建準備会事件を経て、満鉄調査部、中央公論社、改造社、朝日新聞社、政治経済研究会（昭和塾）、日本編集者会・日本出版社創立準備会、日本評論社、岩波書店、同人雑誌「五月」、愛国政治同志会の各関係者の事件に拡がっていった。

（11）中村智子『横浜事件の人びと・増補二版』（田畑書店、一九八九年）九頁、三二一頁による。

（12）川田寿が一九四五（昭和20）年7月25日懲役三年執行猶予四年、妻定子が同日懲役一年執行猶予三年の判決を受け、いずれも控訴せず確定、森数男が一九四五（昭和20）年7月31日懲役四年の実刑判決を受け、同年11月10日上告中に大審院で免訴の言渡しを受けた。なお、和田喜太郎が一九四四（昭和19）年8月21日懲役二年の実刑判決を受け、下獄して獄死した。

（13）①一審判決・横浜地判昭和24年2月25日、②控訴審判決・東京高判昭和26年3月28日（旧刑事訴訟法下の事件であるため、これが確定判決である）、③上告審判決・最判昭和27年4月24日（以上、拷問事件判決）。いずれも判例集未登載であるが、②と③は、笹下同志会編『増補復刻版・横浜事件資料集』（東京ルリユール、一九八六年）一〇一頁、一〇三頁に掲載され、本書と同時刊行の『ドキュメント横浜事件』（高文研）に収録されている。

（14）私は弁護士登録後六年間（一九七四〔昭和49〕年から一九八〇〔昭和55〕年まで）は「伊達判決」で有名な伊達秋雄先生の事務所（新橋綜合法律事務所）に所属したが、伊達先生から命じられた事件で、伊達先生と一緒に、横浜事件の裁判長とは知らずに、八並達雄氏（当時弁護士）に会ったことがある。場所は、町井久之（本名・鄭建永）氏が会長の山口組系暴力団東声会の東京六本木にあるＴＳＫ・ＣＣＣターミナルビルだった（前掲注（11）中村二八二頁参照）。なお、伊達先生も治安維持法事件に裁判官として関与されたが（小森恵編「治安維持法の運用者――司法関係の千余人」『季刊現代史』七号〔一九七六年〕二六三頁）、残念ながら、八並氏のことを含め治安維持法裁判について伊達先生に聞いたことはない。

（15）横浜事件には関係ないが、確定判決を下した裁判所が高裁の場合の再審請求先は高裁で、「再審開始」か「再審請求棄却」の判断は高裁が下す。そして、高裁の判断に対する不服申立先は本来は（高裁の上の）最高裁であるが、戦後発足した最高裁は法律審とされ、事実についての審理を行わなくなったため（戦前の大審院は事実審だった）、不服申立は「抗告に代わる異議申立」として同じ高裁に行い、高裁の別の部が審理することになっている（刑訴法四二八条）。

（16）念のため、第三次は、請求審の決定（矢村決定）が「再審開始」で、即時抗告したのが検察官だったから、中川決定による「抗告棄却」とは矢村決定の再審開始の結論が維持されたことを意味する。

（17）横浜事件の映像資料として『言論弾圧　証言・横浜事件』（横浜事件・再審裁判を支援する会、一九九〇年）があるが、その中で川田定子氏のインタビューを担当したのが第一次請求の弁護人の一人だった故前田留里弁護士である（会報9号参照）。私は、ある遺産相続事件で前田弁護士と相手方になったことがあり、同弁護士が若くして亡くなられたことを知っていたが、映像を見て驚いた。前田弁護士は、一九八七（昭和62）年から約二年間大川先生のもとで横浜事件に携わられたのである。前田弁護士のご主人は公設弁護士事務所の必要性をいち早く説かれた櫻井光正弁護士で、一人娘の優里さんは、現在、早稲田大学法科大学院で学んでおられる。ここにも父母の志を継ごうとする人がいる。

(18) なお、再審請求は、それぞれの確定判決に対して申し立てられたため、同日に各別になされ、それぞれ事件番号が付された。

(19) 会報1号参照。

(20) 会報4号参照。

(21) 私は、一九七七年に静岡県大井川町長贈賄事件（静岡地裁）で、一九八七年に横浜病妻殺し事件（横浜地裁）で、和田保裁判長から二度無罪判決を受けている（いずれも一審で確定）。地方の弁護士であればともかく、同じ裁判長から二度も無罪判決を受けることはめずらしいと思うが、和田氏は決して権威主義的な裁判官ではない。しかし、その和田氏にして第一次請求を再審開始にできなかったのは何故かと問うべきである。

(22) 第一次請求について、①請求審・横浜地決昭和63年3月28日、②抗告審・東京高決昭和63年12月16日、③特別抗告審・最決平成3年3月14日。いずれも判例集未登載であるが、それぞれ本書と同時刊行の『全記録：横浜事件・再審裁判』に収録されている。

(23) 第一次請求審決定（和田決定）は、口述書についてまったく判示していないわけではない。しかし、同決定は、口述書を、益田については起訴されたが、その余については起訴されなかったことの証拠として用い、四〇年余を経た現時点では拷問の主張の当否を確かめることは不可能であるといわざるを得ないとし、訴訟記録がない以上虚偽自白だったかも判断できないから「右各証拠（引用者注・口述書等）も小野康人に対する警察官の拷問の事実、ひいてはその結果虚偽の自白がなされた事実を証するに足りるものとはいえない」と判示した。要するに、口述書の実質的な証拠価値の判断は、第一次請求審ではなされなかったのである。

（24）会報18号参照。

（25）横浜地判昭和20年9月15日（小野の確定判決）。前掲注（13）の資料集五一頁に掲載され、『ドキュメント横浜事件』に収録されている。

（26）会報23号、24号、25号参照。会報23号には木村亨氏、同25号には小林英三郎氏のメッセージが掲載されている。

（27）会報29号参照。同号には弔辞を読む小林英三郎氏の写真と弔辞全文が掲載されている。なお、小野貞・気賀《きが》すみ子『横浜事件・妻と妹の手記』（高文研、一九八七年）、小野貞・大川隆司『横浜事件・三つの裁判』（高文研、一九九五年）参照。気賀すみ子は、獄死された和田喜太郎氏の妹である。

（28）会報32号参照。同号には小林英三郎氏の決定批判と体験記が掲載されている。

（29）下山保男判事は、私の東大での同級生で、司法研修所の同期である。しかし、横浜事件のことで話したことはない。なお、下山氏は、現在、最高裁によって破棄差戻しされた名張第七次再審請求の差戻し異議審の裁判長である。

（30）会報37号参照。

(31) 二〇〇〇（平成12）年3月15日付特別抗告申立補充書（三）である。会報40号参照。なお、『全記録：横浜事件・再審裁判』に収録されている。
(32) 会報41号参照。
(33) 会報33号参照。
(34) 会報36号参照。同号には森川金寿弁護士の木村亨氏に対する追悼文が掲載されている。
(35)『法律時報』74巻6号（二〇〇二年）の「小特集・横浜事件第三次再審請求」の諸論文、すなわち、竹澤哲夫「横浜事件第三次再審請求審の意義と経過」同72頁、新井章「横浜事件第三次再審請求の主要争点」同77頁、古川純「ポツダム宣言受諾と治安維持法」同81頁、荻野富士夫「敗戦と治安体制」同87頁、小田中聰樹「横浜事件第三次請求における刑事訴訟法上の新論点の検討」同93頁、環直彌「拷問によるゆがんだ事実認定・誤判」同99頁参照。最後の環論文を除き、すべて「ポツダム宣言による治安維持法の失効」に焦点を当てたものである。なお、環直彌氏は元裁判官で、私が横浜地裁第一刑事部で実務修習したときの裁判長である。夕刻から横浜で飲み、タクシーで東京の環邸に行って飲み、朝目覚めるとまた飲むという豪快な酒を教えてもらったことが懐かしい。公職選挙法の戸別訪問処罰を違憲無罪にしたこともある気骨の人である。
(36) 会報36号参照。なお、同号には森川金寿弁護士による第三次請求に関する解説が掲載されている。
(37)「第三次再審請求」について「横浜事件・再審裁判を支援する会」事務局の〈見解〉会報35号参照。なお、会報は、第一次、第二次、第四次の経過は、その都度伝えているが、第三次については、公判傍聴記を除いて、間接的に知り得たことしか報じていない。しかし、第二次・第四次と第三次の弁護団の間には、そして、第三次の請求人の一部と第四次との間には、わずかながら情報交換や交流があったことも記しておくべきであろう。残念ながら、それは横浜事件の記録集の出版を含め、公式のあるいは大きなものとはならなかった。何故そうならなかったのかは、後世の検証に委ねるほかはない。

(38) 会報38号参照。

(39) 会報40号参照。

(40) 横浜地決平成15年4月15日判時一八二〇号四五頁（第三次請求再審開始決定〔矢村決定〕）。

(41) 矢村宏裁判長とは、足利事件の即時抗告審で、ＤＮＡ再鑑定によって菅家利和氏の無実が明らかになったのちに、再び出会った。しかし、矢村裁判長は、私に、①ＤＮＡ再鑑定書の内容を公表することを禁じただけでなく、②科警研のＤＮＡ鑑定の誤りを明らかにする証拠調べを拒んだまま足利事件の「再審開始決定」を下した。私は、矢村裁判長に、「あなたは、横浜事件の第三次開始決定で、『法が失効したにすぎず、無罪に当たる場合ではない』旨明記し、『臭いものに蓋をして真実を闇に葬る』開始決定を書いたが、足利事件でも、そうするのか」と問い質した。しかし、驚くなかれ、矢村裁判長は、横浜事件第三次決定で「法が失効したにすぎず、無罪に当たる場合ではない」と自ら書いたことを忘れていた。私たちは、足利事件で矢村裁判長らを忌避したが、矢村裁判長は、足利事件でも「臭いものに蓋をして真実を闇に葬ったまま」開始決定を下した。矢村裁判長は、私と同期（26期）の裁判官であるが、残念ながら、真の法律家と呼ぶことはできない（佐藤博史ほか『訊問の罠』一六三頁～一六四頁、一九二頁～二〇四頁〔二〇〇九年、角川書店〕参照）。なお、足利事件のＤＮＡ再鑑定書の内容を、矢村裁判長の前記禁止を無視して、公表したのは、二〇〇九（平成21）年5月8日だった。そして、その日の夜は、横浜事件の大島免訴判決の報告集会が予定されていた（会報67号参照）。私は、足利事件の「ＤＮＡ再鑑定による無実」の記者会見場からその足で横浜事件の「免訴から無罪へ」の報告集会の会場に向かったことになる。このようなことは私の弁護士生活でも二度と起こらないだろう。

(42) 会報47号参照。

(43) 佐藤博史「横浜事件に真の救済を——第四次再審請求の意義」『世界』七二〇号二七一頁（二〇〇三年）。なお、第三次の特集を組み、その後経過を追った日本評論社の『法律時報』が第四次を黙殺したのに対し、岩波書店の『世界』は、私に紙面を提供して、第四次の経過を追った（後掲71、73、77参照）。日本評論社と岩波書店はともに横浜事件の犠牲者を出した出版社である。私は『法律時報』の編集者に第四次の意義を説いたが、誌面には反映されなかった。ちなみに『世界』は、最後は第三次にも紙面を提供した（木村まき「こがねのゆびわを渡したい——横浜事件の免訴確定から刑事補償、そしてこれから——」『世界』八〇五号五八頁（二〇一〇年））。これは、後掲注75・佐藤博史「画期的な、横浜事件・刑事補償決定」と同じテーマを論じたものであるが、大島補償決定の意義を正しく伝えたものとはいえない。

(44) 中川決定は、「各被告事件につき、当該被告人の自白（さらには、罪となるべき事実に相川博が関係する被告人の場合には、相川博の上記自白が含まれる。以下、同じ。）が挙示証拠のすべてであることがいわゆる横浜事件関係被告人の判決の特徴であり、そのために、当該被告人の自白の信用性に顕著な疑いがあるとなると、直ちに本件各確定判決の有罪の事実認定が揺らぐことになるのである。要するに、治安維持法1条後段、10条違反の各行為につき、個々の具体的行為を、国体を変革することを目的とし、かつ、私有財産制度を否認することを目的とする各結社の目的遂行のためにする意思をもってなしたことなどの主観的要件等につき、当該被告人の自白を除くと、これを証すべき証拠が何ら存在しないことになる。しかも、何らかの間接事実等により、これを推認することも考え難い」と判示して、拷問事件判決と口述書などを「無罪を言い渡すべき、新たに発見した明確な証拠」と認めたが、新証拠の明確性（明白性）の意義については何ら判示していない。

そこで、この点について付言すると、横浜事件は、旧刑事訴訟法適用事件（旧法事件）であるが、旧法事件にも、白鳥・財田川決定の趣旨はそのまま妥当する。この点について、榎井《えない》村事件再審開始決定（高松高決平成5年11月1日判例時報一五〇九号一四六頁）が以下のように説いている。なお、私は、榎井村事件の弁護団の一人だった（榎井村事件について、日本弁護士連合会・香川県弁護士会『やっとらんもんはやっとらん　上・下――榎井村事件再審無罪への道』〔日本弁護士連合会、一九九四年〕参照）。（以下、原文の「　」を生かすために、外括弧に『　』を用いる）。

『一　旧刑訴法四八五条六号所定の無罪を言い渡すべき明確な証拠を新たに発見したときという再審理由と、現刑訴法四三五条六号所定の無罪を言い渡すべき明らかな証拠をあらたに発見したときというそれは、文言が実質的に同じであることや、旧刑訴法上の被告人に不利益な再審はこれを認めないとする応急措置法二〇条及び旧刑訴法は日本国憲法の趣旨に適合するようにこれを解釈しなければならないとする応急措置法二条の規定などからして、同義であるとみるべきであり、したがって、旧刑訴法の右再審理由については、現刑訴法のそれに解釈がそのまま妥当するというべきである。

二　右再審理由は、証拠の新規性（新たな証拠）と証拠の明白性（明らかな証拠）を具備すべきものであるところ、後者に関して最高裁のいわゆる白鳥決定（昭和50年5月20日決定刑集二九巻五号一七七頁）が、①明白性の意義につき、現刑訴法四三五条六号にいう「無罪を言い渡すべき明らかな証拠」とは、当該確定判決における事実認定につき合理的な疑いをいだかせ、その認定を覆すに足りる蓋然性のある証拠をいうとし、②その判断方法につき、右の明らかな証拠であるかどうかは、もし当の証拠が当該確定判決を下した裁判所の審理中に提出されたとするならば、はたしてその確定判決においてなされたような事実認定に到達したであろうかどうかという観点から、当の証拠と他の全証拠とを総合的に評価して判断すべきであるとし、③更に、この判断に際しても、再審開始のためには当該確定判決における事実認定につき合理的な疑いを生ぜしめれば足りるという意味において、「疑わしいときは被告人の利益に」という刑事裁判の鉄則が適用される、と判示しており、また、同じくいわゆる財田川決定（昭和51年10月12日決定刑集三〇巻九号一六七三頁）が、右判示の法原則を確認踏襲した上、この原則を具体的に適用するにあたっては、当該確定判決が認定した犯罪事実の不存在が確実であるとの心証を得ることを必要とするものではなく、その確定判決における事実認定の正当性についての疑いが合理的な理由に基づくものであることを必要とし、かつ、これをもって足りると解すべきであるから、犯罪事実の証明が十分でないことが明らかになった場合にも右の原則があてはまる、と判示している。証拠の明白性に関するこのような解釈論は、判例において既に確立したものとなっているから、当裁判所においても、これに従って、本件再審請求に対する判断を行うべきものと考える。』

なお、同決定が「確定記録が廃棄されている場合の総合評価の方法」について、上記判示に引き続いて、以下のように判示したことも、重要である。

「なお、この点について検察官は、本件では、確定記録が廃棄されて旧証拠が存在せず、また、確定審裁判所の心証形成の過程が明確でないため、旧証拠との総合評価は事実上不可能であるから、総合評価をするとしても、実際には、新規証拠のみによって異なる事実認定ができるかどうかという個別評価によるほかない旨の意見を述べているが、前記第二のとおり、確定判決及び第一審判決には有罪認定の用に供した証拠の内容がかなり詳細に記載され、最も重要な証拠であるB（原文・実名）の自白の内容は特に詳細に記載されており、各上告趣意から請求人の反証の内容も窺うことができるほか、関連文書の収集や証人及び請求人の尋問も行われて相当程度に記録が再現されているから、新旧証拠の総合評価は十分可能であるというべきである。」

私が関与した「訴訟記録がない事件で再審を開始した」榎井村事件も横浜事件の再審開始に何がしかの寄与をしたに違いない。

(45) 東京高決平成17年3月10日判タ一一七九号一三七頁、高裁判例集（刑事）五八巻一号六頁（第三次請求抗告審決定〔中川決定〕）。

(46) 浅古弘教授は、私が二〇〇七（平成19）年4月に早稲田大学法科大学院教授に就任したときの教務主任で、横浜事件の鑑定書についても話す機会を得たが、矢村決定が浅古鑑定を採用していたら、開始決定には至らなかった可能性が高い。浅古鑑定は、中川決定の論理の中で初めて生きたことになる。

(47) 中川武隆氏は、定年退官後の二〇〇九（平成21）年4月早稲田大学法科大学院教授になられたが、私は既に同じ職にあり、中川氏と話す機会を得た。詳細はむろん不明であるが、ポツダム宣言受諾によって治安維持法が失効したという論理は納得できなかったこと、しかし、再審開始の結論は維持すべきものと考え、「口述書による再審開始」に思い至られたようである。法律家に必要な「柔らかな頭」とは何かを教えられる思いがする。

(48) 会報53号参照。

(49) 本件は、旧刑訴法の下で言い渡された有罪の確定判決に対する再審請求であるから、刑訴法施行法二条により旧刑訴法および刑訴応急措置法が適用され、即時抗告審の決定に対する不服申立は、刑訴応急措置法一八条による特別抗告が認められるが、同条一項は憲法違反の場合のみを抗告理由として認めている。なお、現行刑訴法の特別抗告と異なり、事実誤認による救済を可能にする四一一条三号の準用がないことにつき、私も関与した山本老事件の最決平成2年10月17日刑集四四巻七号五四三頁参照。山本老事件も横浜事件に影響を与えたことになる（会報16号参照）。

(50) 松尾昭一裁判長も私と司法研修所が同期（26期）である。

(51) 第三次請求の主な再審理由は、ポツダム宣言受諾による治安維持法の失効、すなわち免訴事由の主張だった。ところが、開始された再審公判では、弁護側は、一転して、中川決定によって認められた無罪の主張を前面に押し出した。なお、再審公判の第1回期日について、会報55号参照。

(52) 会報56号に大川隆司弁護士の松尾判決に対する見解が掲載されているが、のちの最高裁判決の補足意見に通じる「刑事補償決定による無罪判断」についての判示が松尾判決にあることが的確に指摘されている。

（53）会報58号、59号参照。なお、森川金壽『権力に対する抵抗の記録』（創史社、二〇〇一年）参照（横浜事件については、同書二一五頁～二八三頁）。同二四二頁には刑事補償法の規定を根拠に「つまり横浜事件でいえば、治安維持法が存続していたとしても維持法下でも『無罪と認められる充分な事由』があるか否かが争点になる」、同二四三頁には「いずれにしても、再審免訴判決であれ、はじめから再審無罪判決を得ようとする場合であれ、実質的な無罪をかちとらなければならないことがわかったわけである」とある。横浜事件の結末を予見した卓見というべきで、森川弁護士が存命であれば、第三次の展開も異なっていたのではないかと思われる。

（54）東京高判平成19年1月19日判タ一二三九号三四九頁（第三次再審公判控訴審判決〔阿部判決〕）。会報59号参照。

（55）最判平成20年3月14日刑集六二巻三号一八五頁（第三次最高裁免訴判決）。調査官による解説として、松田俊哉・法曹時報六一巻一二号二二〇頁がある。会報62号参照。

（56）詳細は、佐藤博史『刑事弁護の技術と倫理―刑事弁護の心・技・体』（有斐閣、二〇〇七年）三三九頁～三六二頁。

（57）山崎丹照「改正治安維持法概説」一九四一年・荻野富士夫編『治安維持法関係資料集』第四巻（新日本出版社、一九九六年）一六三～一九九頁。

（58）細川は一九四四（昭和19）年5月末東京拘置所から「横浜」刑務所未決監に移管され、「事件」について訊問された。

（59）この主張は、大島開始決定で、「当時の裁判例等によれば、当時の治安維持法の目的遂行行為の解釈としては、結社の存在を必須のものとしていたわけではないこともうかがわれるところであって、その解釈の当否の問題はあるにせよ、いずれにしても、それは確定審の法解釈の適否を争う主張であって、何らかの再審事由に該当する事実を主張するものとはいえない」と否定された。大島開始決定のこの判示は、後掲注62の私の論文の注（36）で、荻野富士夫教授から「共産党再建準備」を具体的に想定することなく目的遂行行為と認定された例がある旨教示されたことを紹介した（しかし、小野に目的遂行罪が成立するためには党再建準備結社の存在が不可欠だったという記述はなお維持できると思うと書いた）ことが根拠なのではないかと私は密かに推測している。しかし、本文で示したように、一九四一（昭和16）年に改正された治安維持法では、一条・一〇条の目的遂行罪は「結社」の存在を必要としたことが明らかであるばかりか、本件の場合、党再建準備結社たる泊会議の存在なくして目的遂行行為の認定は不可能なのであり、予審終結決定にあった「泊会議」を消失させて小野を有罪とした確定判決の出鱈目さに目を覆うことは許されない。大島開始決定が正しいのは、もともと「泊会議」なしに細川論文の掲載が一条・一〇条の目的遂行行為とされていた場合のみである。そして、このことは、「法解釈の適否」の問題ではなく、「目的」犯の目的の認定に関するまさしく「事実認定」の問題である。

（60）西尾は、一九四五（昭和20年）6月30日に保釈され、同年7月27日に没しているから、西尾に対する8月22日付の予審終結決定は、死者に対するものとして法律上無効である。ここでは泊会議が犯罪事実とされた最後の予審終結決定ということに意味がある。

（61）木村亨『横浜事件の真相―再審裁判のたたかい』九八頁、一二五頁（笠原書店、一九八六年）

（62）詳細は、佐藤博史「再審請求における証拠構造分析の意義――横浜事件との関連で」『鈴木茂嗣先生古稀祝賀論文集下巻六四三頁（二〇〇七年）。その目次は、一　再審請求における証拠構造分析、二 横浜事件と再審請求、三 横浜事件の証拠構造、四 泊会議の虚構その一——予審終結決定と確定判決、五 泊会議の虚構その二——横浜事件の司法的処理、六 横浜事件の証拠構造分析、七 横浜事件の真実——横浜事件第四次請求の意義、である。

(63) 会報43号参照。

(64) 第三次の請求審決定と即時抗告審決定の間の二〇〇四(平成16)年6月4日、第四次の弁護団長の日下部弁護士が亡くなられ、大川弁護士が弁護団長になられた。私は、日下部弁護士の遺影の前で、横浜事件を勝利に導くことを誓った。思い起こすと、横浜事件の弁護人になったことから、二〇〇一(平成13)年に妻と富山に旅行した際、紋左旅館を訪ねてみた。すると、前掲注(8)に記したように、紋左旅館は、事件当時の建物の一部を移築して保存し、事件の発端となった七名の集合写真の背景の石灯籠も残されていた。そのことを弁護団会議で話すと、紋左旅館に泊まろうということになり、二〇〇二(平成14)年7月6日、私の事務所の事務局も一緒に泊ツアーをしたが、そのとき、日下部弁護士は、私たちの事務所のレンタカーに同乗された。実に愉快な旅だった(会報44号参照)。なお、日下部弁護士の逝去を報じた会報として同51号参照。

(65) 会報58号参照。

(66) 前掲注62・佐藤博史「再審請求における証拠構造分析の意義」六四三頁以下、特に六八〇頁。

(67) なお、二〇〇七(平成19)年4月15日、支援する会事務局の片岡修氏が逝去された(享年六五歳)。岩波書店の出身で、私が第四次請求について『世界』に寄稿するきっかけを作って頂いた方でもある。会報60号によれば、あとを託されたご子息の晋介氏に「みんなの力で横浜事件再審勝利を勝ちとってほしい。日本国憲法第9条は、一字一句も変えることなく、守り抜いてほしい」

と言い遺されたという。
(68) 前掲注62・佐藤博史「再審請求における証拠構造分析の意義」六七五頁～六八一頁。
(69) わずかに二〇〇七（平成19）年7月3日の読売新聞神奈川県版が「横浜事件4次再審請求拷問による自白も根拠に　三者協議で方針」と報じた。
(70) 二〇〇八（平成20）年3月14日付け上申書（会報62号参照）。
(71) LEX／DB二五四六二五六一。佐藤博史「横浜事件（第四次請求）再審開始決定の意義——横浜事件の真実」『世界』七八六号二九頁（二〇〇九年）、会報64号参照。
(72) 会報66号参照。
(73) 佐藤博史「横浜事件第四次再審請求・免訴判決の意義」『世界』七九二号二九頁（二〇〇九年）、会報67号参照。
(74) 会報68号参照。
(75) なお、第三次請求のうち高木健次郎については、刑事補償請求がなされていない。請求人の晋氏が二〇〇七（平成19）年9月に亡くなられ、引き継ぐ人がいなかったためであろう。
(76) 会報68号参照。
(77) 佐藤博史「画期的な、横浜事件・刑事補償決定」『世界』八〇三号二九頁（二〇一〇年）参照。
(78) 裁判記録の出版は、小野新一氏と齋藤信子氏が手にした第四次の刑事補償金がすべて充てられることになり、小野氏らは、文字どおり一円も手にされなかった。それは小野貞氏の遺言でもあったと聞く。頭の下がる思いである。

（79）会報70号参照。

（80）横浜事件の場合は「記録集の出版」が残された課題だった。本稿の執筆を終え、ようやくそれを果たし終えることになる。

足利事件の場合は、①犯人の精液が付着した半袖下着をＤＮＡ再々鑑定して真犯人の逮捕に結び付けることと、②再審開始決定後判明した取調べテープを「真実を引き出す取調べ」の構築に役立てることが課題として残されている（佐藤博史「足利事件は『菅家さんの無罪』で終わらない――半袖下着と取調べテープをめぐる新たな戦い」『自由と正義』六二巻三号八頁〔二〇一一年〕参照）。足利事件の新たな戦いは、まだ当分終わりそうにない。

なお、第三次、第四次以外の横浜事件の犠牲者、さらには治安維持法（国外を含む）による全犠牲者の救済は、未だなされていない。横浜事件の再審裁判によって、再審請求→免訴判決→刑事補償請求という「道」は一応開かれた。しかし、あまりに迂遠といわざるを得ない。新たな立法による国家賠償が正しい救済である。治安維持法犠牲者国家賠償要求同盟が目指すのもそれである。

Ⅳ《横浜事件・再審裁判を支援する会》二四年の歩み

〈横浜事件・再審裁判を支援する会〉事務局
橋本　進

横浜事件・再審裁判は、二四年の歳月をかけ、四次にわたってたたかわれた。途中、第二次の進行中に第三次請求が申し立てられ、以降、第二次—第四次と、第三次が並行してすすんだ。本稿は、第一次—二次—四次請求をささえた「横浜事件・再審裁判を支援する会」の立場からの記録である。

1　国家秘密法案反対運動の中での発足

横浜事件再審請求は、一九八五年暮れ、横浜事件被害者・木村亨氏の森川金寿弁護士訪問に始まる。横浜事件において蹂躙された人権の回復と、国家機関や関係者の謝罪を求める木村氏は、芦田浩志弁護士を通じて森川弁護士に相談した。森川氏は風早八十二氏や吉川経夫氏の意見をきいた上で、再審請求を構想した。

そのころ、中曽根内閣のもと、国会に上程された国家秘密法案（一九八五年6月6日）に対し、言論界や人権諸団体をはじめ、広範な知識人・市民が反対の声をあげていた。出版界では出版労連、書籍協会、雑誌協会、日書連（書籍小売業界）が反対を表明したが、これら団体とは別に、出版人としての個々人の意志と責任において行動しようという「言論・出版の自由を守り、国家秘密法（案）に反対する出版人の会」（略称・出版人の会）が発足した（八五年11月27日。会員数は八七年2月現在で一七五〇名。事務局は梅田正己氏〈当時、高文研代表〉と私〈橋本〉が担当。事務所は高文研）。

一九八六年6月7日、「出版人の会」は「横浜事件を語り、聞く会」を催した（東京一ツ橋の教育会館大会議室。二〇〇人）。言論・思想の統制・弾圧につながる国家秘密法案はかつての治安維持法を想起させるが、その治安維持法の危険を典型的に具現したのが横浜事件であったからである。大江志乃夫・茨城大学教授の講演につづき、横浜事件被害者が体験を語った（肩書きは事件当時）。

木村亨（中央公論社出版部員）、青山鉞治《えつじ》（『改造』編集部員）、小林英三郎（同上）、小野貞（故・康人〈『改造』編集部員〉の妻）、気賀すみ子（故・和田喜太郎〈『中央公論』編集部員〉の実妹）、畑

中繁雄（元『中央公論』編集長）、小森田一記（同上）、高木健次郎（日本製鉄社員）、仲孝平（ペンネーム那珂。作家）の諸氏。当時の横浜拘置所看守で、唯一、被害者たちに心を寄せた土井郷誠氏も壇上に並んだ。

閉会後、木村氏と森川弁護士の呼びかけによる前記の人々との懇談の結果、傍線の人々が再審請求人になることを決意した。さらに和田かよ（喜太郎の母）、平館利雄（満鉄東京支社調査室）、川田定子（故・寿《ひさし》〈世界経済調査会〉の妻）が請求人となった。弁護団は森川、芦田、関原勇、大川隆司の各氏（のち横浜弁護士会ほかからの参加を得て22名）。

2　第一次請求――運動の広がりと裁判所の壁

7月3日、横浜地裁に再審請求を申し立て。マスコミは前日の『朝日』『毎日』の第一面報道をはじめ、大きな反響を示した。

申し立て以来、請求人たちのアピール活動が始まった。たとえば青山氏は7月18日、出版労連定期大会（熱海）、7月24日、新聞労連定期大会（教育会館）、9月26日、出版人の会「9・26大集会」（日仏会館、五〇〇名。土井氏とともに）、10月28日、横浜弁護士会の「横浜事件と国家秘密法案を考える集い」（横浜弁護士会館。木村、土井、森川、梅田の各氏とともに）で、再審の意義を訴えている。

◪「支援する会」の出発

出版人の会事務局は、再審裁判を支援する体制づくりをすすめた。海老原光義（事件当時、『中央公論』編集部員。戦後、『世界』編集長）、永倉《えいくら》あい子（事件当時、中央公論社員、戦後、『中公新書』編集長）、常世田《とこよだ》智（講談社）氏らが加わり、請求人会議で専従を置くことになって、青山氏（三信図書社長）が費用を負担、社員の金田冨恵さんが派遣され（金田さんは以後、現在まで活動）、「横浜事件再審裁判を支援する会」（以下、略称・支援する会）結成の準備が始まった。同会結成の呼びかけ人は次の各氏（肩書きは当時）。

――飛鳥田一雄（弁護士・元横浜市長）、家永三郎（元東京教育大学教授）、石垣綾子（評論家）、一番ヶ瀬康子（日本女子大学教授）、井上ひさし（作家）、上田誠吉（弁護士）、宇都宮徳馬（参議院議員）、嬉野満洲雄（元読売新聞論説委員）、大江志乃夫（茨城大学教授）、大原富枝（作家）、奥平康弘（東京大学教授）、具島兼三郎（元長崎大学学長・九大名誉教授）、古在由重（哲学者）、塩田庄兵衛（立命館大学教授）、清水英夫（青山学院大学教授・出版学会会長）、鈴木三男吉（元日本評論社社長)、中村哲(元法政大学総長・参議院議員)、沼田稲次郎(都立大学名誉教授)、秦正流(日本ジャーナリスト会議代表委員)、日高六郎(京都精華大学教授)、堀田善衛(作家)、松浦総三(評論家)、松本幸輝久(元日本テレビ専務)、緑川亨(岩波書店社長)、美作太郎(新評論会長・元日本評論社)、山住正己(都立大学教授)。

11月6日、支援する会発足集会が開催された(労音会館。二〇〇名)。呼びかけ人の宇都宮、中村氏が挨拶、森川弁護団長の講演、青山、畑中、小野、木村の各請求人の挨拶、土井氏のインタビューが行なわれたが、発言者のすべてが国家秘密法案阻止をのべた。

会の目的、活動(集会、会報等)、会費(個人=一口、年二〇〇〇円、団体=一口、年五〇〇〇円)等の会則を承認、アピールを採択した。発足後一ヵ月の時点で、個人会員二五八名(三二四口)、団体会員一四(二七口)の規模となり、以降、増加をつづけた。団体では出版労連、出版各単組(岩波、開隆堂、小学館、C&S日本支社、岩崎書店等)、新聞労連、民放労連等が会員となったが、なかでも出版労連からは、人的支援(中央執行委員の事務局派遣等)、夏冬のカンパなどのバックアップがあった。中央公論社の嶋中鵬二社長(当時)は、再審請求が報道された直後に、畑中宅を訪ね、〝かげながらの支援〟を申し出、のち相当の額が会へ振り込まれてきた。

支援する会事務所は、当初の東京ルリユール社から、のち、日本ジャーナリスト会議(JCJ)事務所の一角に移った(八七年5月)。請求人の平館氏は亡くなるまで(九一年4月)事務所代を負担し、支援する会を〝支援〟した。

運動の展開

請求申し立て後、補充書の提出、検事意見書、それへの反論書、記者会見などがつづいた（以後、折々の上申書提出や裁判所とのやり取り等をふくめて、同様の過程が第四次までくりかえされるが、本稿ではいちいち記述しない）。

一九八七年1月、支援する会事務局・海老原光義氏の執筆・編集による『横浜事件』（岩波ブックレット）が刊行された。畑中、奥平氏の論考が収められている。

7月5—6日。四五年前の、細川嘉六氏が若い編集者や研究者を郷里の富山県泊に招待して開いた慰安会と同じ日程で、平館、木村請求人、支援者のふじたあさや氏（事件被害者＝藤田親昌・元『中央公論』編集長の子息）、森川弁護団長、大川隆司事務局長、関原勇、輿石英雄、陶山圭之輔、畑山穣、平岩敬一、三野研太郎の各弁護士、支援する会の加藤健文、片岡修氏が、事件発端の地、富山県泊町を訪れた。大安寺の細川嘉六氏の墓前に詣で、慰安会の場所となった「紋左」旅館に宿泊。地元研究者の奥田淳爾・洗足学園魚津短期大学教授、井本三夫・茨城大学教授や自由人権協会富山支部の人々と懇談、当時の関係者七名からの聞き取りを行なった。（なお、木村請求人は、7月3日に先行、治安維持法犠牲者国家賠償要求同盟〈国賠同盟〉富山県支部『忘れてはならぬ歴史』〈同氏が寄稿〉の出版記念会に出席、体験を語った。）

7月27日、請求人・和田かよさんが亡くなった。

9月の段階で「支援する会」の個人会員は四二四名（五二四口）、団体会員は二九（四九口）となった。

11月13日、「支援する会」と「出版人の会」の共催で「いま、危機に立つ言論を見すえる集会」がひらかれた（総評会館。二五〇名）。講演は藪下彰治郎・朝日新聞編集委員、岸本重陳・横浜国立大学教授。藪下氏は『朝日』連載シリーズ「言論」（八五年10―12月）で横浜事件をレポートした記者。八七年5月3日の朝日新聞西宮支局襲撃事件のあと、言論をめぐる情勢の緊迫を報告。岸本氏は臨教審答申（第四次）と教科書国家統制強化を批判。森川、大川弁護士、木村、小林の各請求人、気賀さん、小野信子さん（貞さんの長女。現・齋藤信子）が、こもごも横浜事件再審について訴えた。

11月15日、小野貞・気賀すみ子『横浜事件・妻と妹の手記』（高文研）が刊行された。

一九八八年2月12日、青山鉞治氏が逝去。温和、包容力のある人柄で、請求人のまとめ役のような存在であったが、再審実現にかける情熱は強く、アピールのため東奔西走、病に倒れると病床からメッセージを送った。遺志によって多額のカンパが支援する会に寄せられた。

3月9日、森川弁護団長を囲む〝泊・横浜事件を語る集い〞（富山市・高志会館）。清都孝正・

自由人権協会富山支部代表らが呼びかけ。

■最初の門前払い

八八年3月31日、横浜地裁は請求の「棄却」決定を下した。「一件記録の不存在」による審理不能が主な棄却理由である。その「一件記録の不存在」は、敗戦時の占領軍の進駐を前にしての裁判所自身による記録焼却による（そのことを裁判所は「決定」の中で認めていた）。証拠湮滅《いんめつ》に等しい自らの行為の結果を理由に、被害者たちの再審の機会を奪うという、乱暴、無責任な決定というほかかない。請求人側は即時抗告をした。

支援する会は7月2日、「再審裁判・提訴二周年――横浜事件が現代に問いかけるもの」集会をひらいた（横浜市社会福祉センター）。塩田庄兵衛・都立大学名誉教授、日下部《くさかべ》長作・日本弁護士連合会（日弁連）副会長が講演。日下部氏は国家秘密法案と拘禁二法案（刑事施設法案と留置施設法案。冤罪の温床になる警察留置場＝「代用監獄」を永久化するものとして反対が強かった）の危険を横浜事件に関連させて説いた。木村氏の体験証言が行なわれた。

請求人の小野貞さんは、地裁の棄却決定の理不尽さを憤り、決定の所論を批判しつつ、横浜事件の本質を考察、再審実現の意義をのべた冊子『横浜事件を風化させないで　私の抗告草案』を自費出版した（9月15日）。貞さんはこの時点で七九歳の高齢であったが、取組みを弁護団まかせにせず、自ら裁判記録、関係資料を読み込み、六法全書をひもときながら書き下ろしたものである。東京高裁へ提出した。『朝日』書評にとりあげられ、支援する会事務局に何件かの申し込みがあり、何名かの入会があった。

地裁の棄却決定は、横浜事件の真相を明らかにする（すなわち司法の責任が明らかになる）ことを回避する「門前払い」であった。東京高裁の門をあけさせるために、支援する会は、「各界を代表する文化人」の方々の要請署名を行なった。

①請求者本人、遺族、並びに証人の言葉を、直接にきいてもらいたい。②一件記録の不存在につき、焼却処分には補償措置を講じ、責任ある態度をとってほしい（逃げてはならない）――という趣旨である。10月20日、木村請求人、森川団長、大川事務局長、支援する会事務局の梅田、橋本が一四一名の署名を提出、記者会見を行なった。その後、署名は計一八八名となった。

右のように、請求人側は法廷をひらき、裁判官が被害者の証言を直接にきくことを求めつづけたが、裁判所側の反応が消極的であるため、裁判所が本人尋問を拒否した場合に備えて、請求人の証言のビデオ化をはかった。弁護団の弁護士が手分けして、木村、平館、川田、小林請求人の聞き取りを行なった（製作＝青銅プロ。12月にビデオ『証言・横浜事件』完成）。

12月16日、東京高裁、「棄却」決定。地裁の乱暴、粗雑な論理を多少たしなめ、一部を改めるなどしてはいたが、結局は「一件記録の不存在」を理由とする門前払いであった。請求人側、特別抗告。

▣最高裁の扉をひらかせるために

一九八九年。本来、正義と人権を守るべき裁判所が、このように問題回避、無責任であっていいのか、何としても最高裁にまともに対応させねばならない。請求人側は〝拷問による自白という実体を直視し、国家機関による記録焼却が被害者の不利益にならぬよう、人権擁護の高い観点から審理してほしい〟旨の文化人署名一七六名分を提出した（5月）。署名を機に支援する会に入会された方々もいる。

この要請署名は一般市民にも協力を呼びかけ、9月段階では文化人二二一、市民二二九七名に達した（第一次署名）。

同時に弁護団は事案担当を現在の第二小法廷（五名の裁判官）から大法廷（一五名の裁判官）へ移すことを要請した。この間に、裁判官に拷問をリアルに認識してもらうため、木村亨氏に行なわれた拷問シーンを、本人及び支援する会会員で再現して撮影、写真を最高裁に提出した。

5月、弁護団メンバーの間部俊明弁護士ら横浜弁護士会員による第三回憲法劇「がんばれ日本国憲法」は、横浜事件をとり上げ、それに木村氏が出演した。

8月、細川嘉六氏に対する訊問調書の集成、『細川嘉六獄中調書』（不二出版）が刊行された。

執拗に訊問を続ける特高、検察官、予審判事に対し、毅然とした態度を崩さない剛直さには感嘆するほかないが、事件の真相に迫る証言ともなっている。

9月21日、土井郷誠氏逝去。官側にあって被害者側の立場に立ち、貴重な証言をつづけ、亡くなるまで横浜事件関係のすべての集会に参加しつづけた。

9月27日、富山県朝日町（旧泊町）で、細川嘉六生誕一〇一年祭・『細川嘉六獄中調書』出版記念集会が、地元研究者の奥田氏や酒井栄・朝日町中央農協長らの呼びかけで催され（朝日町福祉会館）、森川、木村氏が挨拶、講演、のち紋左で参加者と交流した。

12月1日、教科書検定訴訟を支援する出版連絡会と共催で、「いま、言論と教育の危機を見すえる12・1集会」（岩波セミナールーム）をひらいた。家永教科書訴訟の弁護団長として永年活躍してきた森川団長は、教科書第三次訴訟の地裁判決（10月）における行政権力への司法の追随を指摘、教科書裁判も横浜事件再審裁判も根は一つと訴えた。

同じく教科書訴訟弁護団のメンバーである大川事務局長の講演。小林、小野請求人、気賀さん、海老原・支援する会事務局員（以上、横浜事件関係）、徳武敏夫、木村廣雄（以上、教科書関係）各氏の証言・報告がつづいた。

同時期、①審理を小法廷から大法廷に移すこと、②口頭弁論をひらくことを要請する第二次署名がすすめられた。12月15日に三〇八名分を提出。

一九九〇年。前年にひきつづき第二次署名が取組まれ、4月2日、一三五五名分を提出（前年を加えると一六六三名）。

3月、木村氏の講演をきっかけにした「横浜事件を考える会」（代表・木下信男氏）の発足（前年12月8日）を知り、今後の協力を申し入れ、連携が確認された。しかし、その後に共同行動を発展させるには至らなかった。

小野貞さんは、前著『横浜事件を風化させないで』以降の考察の結果を、冊子『横浜事件・真実を求めて』として刊行（5月3日付）、最高裁に提出した。この時も、冊子を読んでの入会者があった。

7月6日、「映画『言論弾圧・横浜事件　証言』試写と再審裁判現況報告の夕」（東京弁護士会館。青銅プロと共催）。事件を広く知ってもらうために製作された映画である。ビデオ『証言』における木村、川田、平館、小林氏の証言に、小野貞、気賀すみ子さんの談話、木村氏出演の拷問シーンを加え、全体を佐々木愛さんのナレーションで進行させる構成。脚本はふじたあさや氏。監督は橘祐典氏。『はだしのゲン』の監督であった橘氏の父君は元改造社社員。橘、木村、小林、気賀、森川、大川各氏の発言と並んで、加賀乙彦（作家）、椎名竜治（劇作家）氏の感想がのべられた。この年は、本島等・長崎市長銃撃事件（1月14日）、弓削達・フェリス女学院大学学長宅銃弾事件（4月22日）とつづき、言論をめぐる危機を感じさせる年であった。

埼玉県立川越南高校では、一九八七年から岩本重彦氏が社会科（現代社会）の授業で、横浜事件をとり上げてきた。戦争を知らない若者たちに、治安維持法と戦争に出会わせようという貴重な取組みである。高一の生徒の感想文六篇を、支援する会会報第14号（九〇・8・30）に掲載させてもらった。森田敏彦氏（高校教諭）らの全国民主主義教育研究会などでも、横浜事件への関心が深められた。

10月4日、加賀乙彦氏の尽力により、日本ペンクラブ「獄中作家の日」集会（紀伊国屋ホール）で、映画『証言』上映と、木村、小林、小野各氏のアピールが行なわれた。

最高裁への第三次要請署名が取り組まれ、文化人二〇一名、一般市民一四七三名分を提出（11月9日）。

一九九一年。横浜事件に関する英文報告書が完成した。森川弁護団長の発意により、国連人権委員会、さらに各国の人権団体に送付、国際世論に訴える目的である。

3月14日。最高裁は「棄却」を決定。旧刑訴法および応急措置法では、憲法判断に関するものに限り特別抗告が認められることになっているが、本件の原決定（高裁）は憲法判断を行なっていないから棄却というもの。およそ歴史と正義に対し、一片の誠意もみせない形式論であった。

5月14日、「いま、裁判を問う――最高裁『決定』に抗議する5・14大集会」御茶ノ水・日仏会館ホール。一五〇名）。映画『証言』上映ののち、森川弁護団長報告、木村、小林、小野請求人の感想・意見。気賀すみ子、青山房子さん（鉞治氏夫人）も壇上に並んだ。松川事件主任弁護人であった大塚一男氏の講演「日本の裁判は、いま、どうなっているのか」では、松川裁判ほかの事例をひきながら、今後のたたかいの展望がのべられた。これをうけて大川事務局長が第二次再審請求への決意をのべた。

3　再挑戦を決意

右集会の後、請求人、弁護団、支援する会事務局の合同会議がひらかれ、（1）第二次請求に向けて、「新たな証拠」のための資料を発掘する、〝腰をすえた〟新たな取組みの体制づくり（森川団長の〝第二次は若い先生方で〟との発言もあって）、（2）問題を国際的な舞台で訴えていく——という方向を確認した。

右集会の前、4月26日に平館利雄氏が逝去。請求人中、最高齢であったが、病床に伏すまでは毎回の会議には必ず出席、再審実現に情熱を傾けた学究であった。

8月21—23日、森川、木村、木下（考える会）の各氏は、ジュネーブの国連人権委員会小委員

研究者にも参加してもらっての「新資料」発掘のための初めての研究会。写真左から小林英三郎氏（第一次請求人）、古川純専修大教授、古関彰一獨協大教授、大川弁護団事務局長、平館登志子さん（利雄氏夫人）。（日本ジャーナリスト会議と共同使用の「支援する会」事務所にて。1991年11月8日）

会に参加した。

☒「新証拠」のための新資料探索

新証拠のための新資料発掘の試みが始まり、敗戦時、米軍が押収してもち帰った文書を調査しようということになった。占領軍文書を研究していた古川純・専修大学教授、古関彰一・獨協大学教授を中心とする研究会を発足させた（11月8日）。研究会では占領軍文書についての日本人研究者の既調査、未調査の分野を確定、未発掘文書の存在の可能性検討などの作業を行ない、在米研究者との連絡も行なわれたが、再審開始のキメ手になるような資料発掘には至らなかった。

そこで翌一九九二年4月、約一〇〇名の現代史研究者に協力依頼と資料についての問い合わせを行なった。多くの方から熱意ある回答をいただいたが、やはり決定的資料は現われなかった。

8月。森川、木村氏らは再びジュネーブへ。

一九九三年3月。古関氏が米国へ留学、自らの研究とともに、米公文書館、議会図書館等で横浜事件関係資料の探索をされた。一〇種ほどの資料が送られてきた。断片文書が多く、いずれも事件の捏造を推測させるものではあるが、決定的資料というべきものではない。ほかに「山崎内務大臣時代を語る座談会」（奥野誠亮、小林与三次ら。自治大学校史料編集室）が、カナダ人留学生で、横浜事件研究のジャネス・マツムラさんから提供された。そこでは敗戦時の公文書類焼却の様子が当事者によって話されているが、横浜事件関係資料の焼却を語るものではない。

請求人、弁護団、支援する会事務局は、新資料発掘の困難さを見きわめ、現存資料で打開する道を検討した。検討の結果、小野康人氏のケースにしぼる方途が考えられた。

第一次では殆どの請求人に判決書がなかったから、「一件記録の不存在」を理由に門前払いを受けた。しかし、小野氏には例外的に、現在の起訴状に当たる「予審終結決定書」と「判決書」の双方が存在している。したがって裁判所も前回と同様に頭から記録がないの理由で門前払いはできないだろう。

また、判決書に書かれた小野氏の「犯罪事実」の第一は、細川嘉六の論文「世界史の動向と日本」を『改造』に掲載するにあたり編集会議で論文掲載に賛成し、校正に従事したこととされている。こうした行為を治安維持法違反とするには、まず「細川論文の違法性」が認定されていなければならない。ところがなんと、判決書の「証拠欄」にはこの肝心の細川論文が挙げられていないのである。つまり判決は、「証拠」を調べることなく有罪の判断を下したとしか考えられない。

もし細川論文を「証拠」としてまともに調べておれば、この論文の眼目が〝日本は欧米帝国主義に追随することなくアジア諸民族の自決・独立を尊重・重視すべきである〟と主張した論文であることは明白だったはずである。ソ連の民族政策を推奨したりしてはいるが、決して「社会主義革命の断行を強調」する共産主義的啓蒙論文ではない（だからこそ情報局の検閲もパスした）。

したがって、細川論文をきちんと読み込むならば、それが「治安維持法違反」となるわけがない、として、確定判決が「証拠」としなかった細川論文を「新証拠」として再審を申し立てることになった。

第一次の請求人九名の中から、こんどは小野さん一人だけが再審請求に臨むことになる。しかし、小野さんが再審の門を突破できれば、横浜事件は同じ警察・裁判所の下で引き起こされた同じ事件なのだから、他の人たちもその後に続くことができるはずだ。つまり、全請求人の「突破口」とするという位置づけで、小野さんによる第二次再審請求が準備されたのである（小野貞さんは当初、自分一人の申し立てに難色を示したが、上記の位置づけによって承諾した）。

九三年秋から暮れにかけ、論点整備や大川事務局長ら新弁護団の結成がすすめられた。
8月13日、木村氏は国連人権小委員会でスピーチ（ジュネーブ）。

4 第二次再審請求——「突破口」としての挑戦

一九九四年5月20日。「治安維持法と横浜事件」集会（岩波セミナールーム）。講師は今井清一・横浜市立大学名誉教授、奥平康弘・国際基督教大学教授。右にのべたように第二次請求では、細川論文そのものの審理が争点となる。その場合に備えて細川論文についての「鑑定書」を提出することとし、現代史、治安維持法、それぞれの分野での研究第一人者である両氏に執筆を依頼、快諾を得たからであった。

7月27日、小野貞さん、日下部長作弁護団長、大川事務局長らによって第二次再審請求が申し立てられた（横浜地裁。小林英三郎氏同道）。

9月14～30日、青年劇場「村井家の人々——日本の言論１９９４」（作＝ふじたあさや、演出＝千田是也、製作＝福島明夫）。横浜事件を題材に、日本の言論状況の現在を問うこの作品は好評を得、観客総数は九〇〇〇人となった。会場で署名をしてくださった方々、用紙をもちかえり、カンパとともに入会申し込みをくださった方もいた。

〞人権の回復と司法への信頼をとり戻すために、公正かつ充分な審理を〟との要請署名を開始、12月までに一〇〇〇名を超した。

一九九五年。1月11日、高木健次郎氏逝去。請求人にはならなかったが、事件記録の重要さを考え、記録集の原型というべき『横浜事件資料集』（笹下《ささげ》会）刊行に尽力した。

1月12日。平館登志子さん（利雄氏夫人）逝去。

1月20日、小野貞・大川隆司『横浜事件・三つの裁判』（高文研）が刊行された。小野さんはこの時点で八六歳であったが、再審実現への情熱は衰えず、特高資料などを読み込んで、事件の虚構性に迫っている。大川氏は細川論文を石橋湛山や矢内原忠雄の論文と対比、民主主義、自由主義の歴史的流れの中で位置づけた。本人意見書として地裁に提出。

貞さんは出版労連臨時大会でアピール（2月10日）。3月には今井清一・奥平康弘『治安維持法と横浜事件』刊（冊子。九四年5月集会の講演記録）。3月25日、小林氏、横浜ペンクラブで講演。

貞さんは6月には検事意見書批判の上申書を執筆した。その直後、脳梗塞で倒れ（7月末）、9月30日、肺炎で逝去した。九一年5月の最高裁抗議集会のとき、手作りのプラカードをもって駅頭に立つなど全精力を傾けた貞さんの遺言書（7月7日付）には、再審実現への熱意が語られ、実現すれば必ず無罪となり、そうなると全請求人の第三次への道が開けると、将来への展望ものべられていた。

12月8日、「小野貞さん追悼――支援する会一〇周年の集い」（岩波セミナールーム）。第一次請求の弁護人であり、松川裁判はじめ数々の冤罪事件裁判に携わってきた関原勇弁護士の講演、小野新一、信子兄妹の決意表明、日下部弁護団長、大川事務局長、山本一郎弁護士、橘監督、小林、木村請求人の発言がつづいた。

右に先立って10月19日、今井清一氏の細川論文「鑑定書」が提出された。

一九九六年3月、奥平氏の米国留学のため、交替して荒井信一・茨城大学教授が執筆した「鑑定書」提出。

■地裁の棄却、第三次請求の申し立て

九六年7月30日。横浜地裁、「棄却」決定。細川論文内容評価が犯罪事実認定の前提なのだから、論文を調べることなく判決したとは考えられないとして、「…と解するのが自然である」「…としてもあながち不自然とはいえない」といった勝手な憶測を積み重ねての「棄却」であった。またしても門前払いで、「鑑定書」には一言もふれない。ふれれば内容審理をせざるを得ないか

らだ。当然、即時抗告を行なった。

9月5日。「地裁『決定』抗議の集い」（岩波セミナールーム）。日下部弁護団長、大川事務局長による報告と決意表明。小野請求人の挨拶。

支援する会事務局の永倉あい子さん逝去（9月17日）。戦争中の事件当時、中央公論社の新入社員として、刑事が編集室に立入るのを見聞した原体験をもつ。事務局会議に欠席したことは一度もなく、誠実に活動をつづけた。死後、実の妹さんから多額のカンパが寄せられた。

10月2日、小林英三郎氏が逝去。第二次では請求人にはならなかったが、第二次申し立て時の確認どおり、亡くなるまで請求人同様に活動した。おだやかで冷静な人柄であったが、闘志は不屈であった。第一次請求の相談のとき、〝名誉回復に立ち上がろう〟と声をかけられて、〝僕は治安維持法で三度捕まった（文芸春秋新入社員のとき、釈放後すぐ活動したとき、改造社社員のとき）が、不名誉だと思ったことなど一度もない〟と答えた言葉は忘れられない。

一九九七年。第二次請求の抗告は東京高裁の審理にまかされたまま、進展をみせない状況がつづいた。秋になって、木村亨氏や森川弁護士によって、第二次とは別個に、第三次請求が準備されていることを「支援する会」事務局は知った。そこで（一）第二次を担う支援する会は、第三次の成功を願う、（二）第二次の成功は第三次の成功につながる、という見解を発表した（九七・12・15付『支援する会・会報』第35号）。

一九九八年。7月14日、木村亨氏逝去。一九四七年の特高共同告発の行動以来、横浜事件と向き合いつづけてきた情熱の人。市民、学生へのアピールに力を注ぎ、その足跡は全国に印された。

8月14日、亨氏夫人・木村まきさんほか七名の請求人と、森川弁護団長、環直彌主任弁護人ほかの弁護団によって第三次請求が申し立てられた。八名の請求人のうち、木村、小林、平館氏（以上、遺族）、畑中氏は第一次の請求人、新たな参加は板井庄作、勝部元、由田浩、高木健次郎氏（以上の二氏は遺族）、いずれも「政治経済研究会」事件容疑による被害者であった（支援団体は「横浜事件を考える会」。九九年3月に「横浜事件の再審を実現しよう！　全国ネットワーク」となる）。なお、木村氏の逝去に際して、支援する会『会報』は森川弁護士による「反骨・木村亨氏と第三次再審請求」を掲載した（九八・9・15付『会報』第36号）。

⊠日弁連の支援

第二次弁護団は、日弁連に対し、横浜事件につき日弁連としての取組みを要請した。

8月31日、東京高裁は第二次請求の抗告を棄却。第一次と同じく、地裁の乱暴な論理には若干の疑問を呈しつつも、結局は同じ形式的推論に逃げ込んだ。特別抗告。

同年12月22日、畑中繁雄氏逝去。名著『覚書・昭和出版弾圧小史』（のち『日本ファシズムの言論弾圧抄史』）に示されるように、識見高く、気骨ある出版ジャーナリストであった。生前、セツ夫人（故人）と連名の「ごあいさつ」を発送、「核なき世界平和をこそ願う」とのべつつ、別れの言葉が綴られていた。

一九九九年。高裁の棄却以後、支援する会事務局の橋本は原有罪判決の再点検を試み、小野「犯罪事実」の第一とされた、細川論文掲載決定を支持したという編集会議の日取りの不自然さに着目した。「7月中旬」に掲載決定をした論文を7月25日発売の雑誌（8月号）に掲載することは、作業工程上、物理的に不可能である。細川論文掲載を泊会議の決定事項に仕立てたいがための虚構の日取り設定であることを論証した（『会報』第37、38号に掲載。のち『世界』九九年10月号に発表）。最高裁に参考文献として提出した。

6月11日、「最高裁の公正な審理を求める集会」（岩波セミナールーム）。小野、齋藤（信子）請求人の挨拶。大川事務局長がドイツ司法改革と日本の現状を対比、問題点を指摘した。

6月14日、川田定子さん逝去。和歌山の老人ホームで暮らしながら、支援する会事務局との連絡を絶やさず、裁判の状況を案じつづけた。たびたび手紙を寄せられ、獄中の詩など『会報』に掲載させてもらった。

第二次弁護団の申し入れに応えて、日弁連は人権委員会で横浜事件を検討、佐藤博史（東京）、笹森学（北海道）、横山裕之、笹隈みさ子（以上、横浜）弁護士を選任、第二次弁護団に参加することになった。新弁護団会議の結果、今井、荒井鑑定書をあらためて「新証拠」とすることを決定、特別抗告申立補充書（三）を翌二〇〇〇年3月に提出した。

同年3月10日、事務局の海老原光義氏が逝去。戦時下、畑中氏が編集長の『中央公論』編集部で、獄死した浅石、和田氏と机を並べた。戦後、『世界』編集長をつとめながら、日本ジャーナリスト会議副議長として活躍するなど、気骨ある出版ジャーナリストであった。

7月11日。最高裁、特別抗告棄却。第一次棄却を引き写したかのような形式的手続き論で、一千字足らず。再び正義、真実、歴史に背を向けた。

5　第四次請求と第三次再審裁判

二〇〇〇年7月20日、請求人、弁護団、支援する会事務局は、荒井信一氏の参加を得て合同会議をもち、第四次請求の新たな組み立て方を討議。先に「新証拠」とした今井、荒井鑑定書を再び新証拠として提出することを決定。さらに新たな鑑定書の執筆を波多野澄雄・筑波大学教授に依頼することとした。

二〇〇一年2月9日、「横浜事件再審の実現に向けて　2・9集会」（岩波セミナールーム）。講演＝波多野澄雄氏の「太平洋戦争下の日本の民族政策と『細川論文』」。今井、荒井両氏が参加。大川、佐藤両弁護士、小野、齋藤請求人が挨拶。

二〇〇二年3月15日、第四次再審請求を申し立て。新証拠として小野康人「予審終結決定書」を第一に掲げ、今井、荒井、波多野鑑定書ほかを加えた。予審終結決定の主軸とした「泊会議」を判決において全面削除した事実を論点とし、泊会議そのものの虚構を証明するという、事件の根幹を問う裁判となった。

7月6―7日。小野、齋藤請求人、日下部団長、大川事務局長、佐藤主任弁護人、横山裕之、竹田実弁護士、事務局の梅田、片岡修、加藤健文、金田、橋本ら総勢一七名が泊町を訪問、細川氏の墓前に詣で、紋左で奥田氏と懇談した。

再審を実現させた場合に備え、日下部団長以下、弁護団メンバー（横山、笹隈氏ら）は調書・手記を分析して「自白」の信用性を研究。一方、支援する会事務局としては、細川氏の「公訴事実」（四三・9・11）に掲げられた諸論文8篇（一九三五年から四二年の『世界史の動向と日本』にいたる）を梅田、片岡、橋本が分担して検討した。いずれも世界史の流れ、アジア諸民族の動向と民族の自主・自決の尊重を説くもので、『世界史の動向と日本』はその集大成の論文というべきもの、共産主義的啓蒙論文とは当局の言いがかりであることが確認された。

10月4日、「横浜事件第四次再審裁判支援の集い」（岩波セミナールーム）。荒井信一氏の講演

「アジア太平洋戦争下の日本の対外政策、民族政策と細川論文」。佐藤博史主任弁護人の「第四次再審請求の今日的意義」。日下部団長、小野、齋藤請求人の挨拶。

二〇〇三年3月1日。齋藤信子さんにとって母・貞さんとの永別後懸案となっていた貞さんの遺稿『谷間の時代・一つの青春』（高文研）が刊行される。少女時代から結婚に至るまでの回想であるが、ヒューマニズムと正義感から非合法活動を支援、検挙された体験が綴られ、〝治安維持法と特高の時代〟の貴重な証言となっている。

☒第三次請求で再審開始

二〇〇三年4月15日。第三次請求に対し、横浜地裁は再審開始を決定した。四五年8月14日のポツダム宣言の受諾によって、同宣言に含まれた日本の民主化という条項に反する弾圧法規は直ちに失効したはずであり、失効した治安維持法により下された横浜事件の判決は無効という第三次の主張が容れられたのである。

第一次申し立てから一七年、ついに再審の門が開かれた。ただ後に大きな問題となるように、この「決定」は、法の失効は免訴を言い渡すべき理由となるとし、拷問等の事件実体にはいっさい触れず、請求側の無罪主張は失当とするなど、再審公判において、判決が「無罪」ではなく「免訴」となりはしないか、という問題を内在させていた。検事側は、即時抗告を行なった。

7月14日、「横浜事件の『真実』を解明する集会」（岩波セミナールーム）がひらかれた。歴史学者・犬丸義一氏の講演「アジア太平洋戦争下の言論・出版の状況」。大川、佐藤弁護士の報告。請求人挨拶。

二〇〇四年。1月21日、出版社の退職者組織の出版ＯＢ会が「横浜事件　講演とビデオ集会」をひらく。ビデオ『証言』上映。橋本＝講演、齋藤＝アピール。

青山房子さん逝去（1月26日）。

6月4日、日下部長作弁護団長が逝去。横浜教科書訴訟弁護団長、ファントム墜落・国家賠償請求訴訟弁護団長、オウム関連「坂本弁護士と家族を救出する全国弁護士の会」会長等々、平和と人権を守るたたかいで中心的役割を果たしつづけた人であった。

二〇〇五年。3月10日、東京高裁は第三次請求にかかわる検察官抗告を却下、「再審開始」を決定した。被害者が特高共同告発時に提出した各人の「口述書」を吟味した上での決定（中川武隆裁判長）で、初めて事件の実体に踏み込んだ判決であった。

この「口述書」は、第一次再審請求時にも、特高警察官三名に対する最高裁有罪判決とあわせ証拠として提出していた。しかし裁判所はとにかく「一件記録の不存在」の一点張りで、口述書には目もくれなかった。そのため、第一次で手付かずだった口述書が第三次で「新証拠」となり得たのである。

10月17日、12月12日、第三次請求の再審開始となった横浜地裁は、公判をひらいた。第四次の中立人、支援する会事務局、支援する会会員は傍聴、内容を会報で報告した。

二〇〇六年。2月9日、横浜地裁の判決は「免訴」であった。請求人側、控訴。

4月15日、国賠同盟神奈川県本部主催の「横浜事件の真相と再審裁判」集会がひらかれた（建設プラザかながわ）。ビデオ『証言』上映。講演＝橋本、挨拶＝齋藤。

■第四次再審請求の意義

5月19日、「横浜事件——解明すべき真実は何か?・」集会（岩波セミナールーム）。

中川決定で横浜事件の実体の一部が明らかにされたものの、地裁の再審公判における「免訴」判決で、再び事件の真実は遠ざけられた。第四次では、あくまで泊事件の虚構を解明し、細川論文の真実を明らかにすることによって、事件を「捏造」した特高と司法の責任をも究明する——というのが集会の主旨であった。

佐藤主任弁護人の講演「第四次訴訟が迫る横浜事件の真実」、大川弁護団長の講演「治安維持法とはどういう法律であったか」、存命される唯一の横浜事件被害者、鈴木三男吉氏（元日本評論社社長）の体験証言。小野、齋藤請求人の挨拶という内容だった。

7月5—6日、出版ＯＢ会有志14名が「泊事件体験ツアー」を催した。紋左に宿泊、奥田淳爾氏の講演をきく。ツアーのメンバー、山口正氏から泊事件の一人、加藤政治氏についての報告を聞いた。

10月16日、森川金寿・第一次、第三次請求弁護団長が逝去。長期にわたる家永教科書訴訟の弁護団長、ベトナム戦争犯罪を裁く「ラッセル民衆法廷」の審判員等々、日本の平和、人権、正義のたたかいの歴史で、氏が残した足跡はきわめて大きい。

二〇〇七年。1月19日、第三次の控訴審において東京高裁も「免訴」の判決。地裁判決を上まわる形式論で、事件とまともに向き合う姿勢はかけらほどもみせなかった。

ドキュメンタリー番組『一枚の写真から――泊事件65年目の証言』（KNB＝北日本放送）が放送された（2月25日）。請求人（木村まき、平館道子、齋藤信子）、事件被害者（鈴木三男吉）、細川嘉六の思い出を語る人（阿部不二子）、研究者（荻野富士夫、奥田淳爾）、出版編集者（OB会ツアー参加者）らの証言、談話によって、事件の本質と再審請求の意義を伝える、金沢敏子ディレクターの作品である。〝なぜ言論の自由が侵されたのか、言論の自由を守ることの大切さ〟が「番組のメッセージ」（『KNBブックレポート』）であった（7月22日、JNN系列で全国放送）。

4月15日、事務局の片岡修氏（元岩波書店）逝去。温和、誠実で法律に強く、達筆で、集会会場に掲げるタイトルの文字はいつも片岡氏が大筆で書いた。支援する会事務局の発足後間もなくメンバーに加わり、長期にわたって運動を推進した。遺言書には憲法九条を守りぬくこと、再審裁判を実現して勝利することが記されていた。かねて事務を手伝ってくれていた子息・晋介氏が事務局の新メンバーとなった。

国連拷問禁止委員会による第一回「日本政府の報告」審査が、ジュネーブで行なわれた（5月9、10日）。日弁連や国際人権活動日本委員会（支援する会会員の吉田好一氏が代表委員）、冤罪事件・布川事件の当事者たちが参加した。このとき提出されたカウンター・レポート（反対報告書）の中で、〝かつて拷問による捏造事件＝横浜事件で多くの人が有罪になった。しかし、政府は謝罪も補償もせず、裁判所は再審にまともにとりあおうとしない〟状況を訴えた。

7月1日、「第四次再審裁判を支援する集会」（岩波セミナールーム）。講演＝ふじたあさや「歯を全て失って帰ってきた父——少年の私がみた横浜事件」。大川弁護団長「治安維持法時代における司法の責任」。佐藤主任弁護人「横浜事件をめぐる『虚構』と『真実』」。鈴木三男吉氏の証言。小野、齋藤請求人の挨拶。

二〇〇八年3月14日、最高裁は第三次請求における請求人側上告を棄却、「免訴」を固持した。過去の恥ずべき判決を取消し、司法の責任を明らかにして、日本の裁判の「名誉」を回復する機会を与えられながら、三度とも背を向けたのである。

「端緒の地」碑の建立

富山の「支援する会」グループの小森修氏（国賠同盟富山県本部事務局長。発足以来の会員）らは、前年後半から泊町の紋左旅館前に「泊・横浜事件端緒の地」碑を建立する運動をつづけてきた。5月12日、除幕式の運びとなった。小野新一、平館道子請求人、橋本ほか東京の支援する会会員が参加し、古川松男・国賠同盟富山県本部長ら多数の地元有志によって、式典がすすめられた。式典後、紋左旅館大広間で、事件と再審裁判の経過報告（奥田氏、橋本）。その後、事件概要、第一次―第四次再審裁判経過、事件関係者の歴史的証言等を内容とする冊子が発行された（8月）。

9月19日、「憲法九条と横浜事件」（岩波セミナールーム）。集会と同題の奥平康弘氏（東大名誉教授。九条の会呼びかけ人）の講演。戦前の弾圧法規の一覧を掲げて、憲法九条の原理的価値を説いた。大川弁護団長の報告「第四次再審請求の目標と現段階――横浜事件再審裁判二二年のこれまでとこれから」。小野、齋藤請求人の挨拶。

国際人権活動日本委員会が、国連自由規約委員会や人権理事会に提出したレポート『日本からの民の声』の中に、横浜事件再審の現状批判論文を収めた（10月15、16日。ジュネーブ）。

6 「実質無罪」から「無罪」の証明へ

二〇〇八年10月31日。横浜地裁・大島隆明裁判長は、第四次再審請求に対し、再審開始を決定した。その決定理由において、自白獲得のための拷問がつぶさに認定され、請求人側提出の諸証拠を精査の上、泊会議の虚構、即日裁判などずさんな事件処理＝司法の責任を認定、さらに敗戦直後の資料焼却を理由にした再審請求棄却などは裁判所の取るべき態度ではない、と言い切った。「実質無罪」を告げるものであった。

11月26日、「ついに『実質無罪』獲得——報告集会」（全水道会館）がひらかれた。大川弁護団長、佐藤主任弁護人からの報告、横山裕之氏ら弁護団紹介の後、小野新一、齋藤信子氏が壇上にのぼった。小野氏は横浜事件のたたかいは、憲法九条のたたかいと通底することをのべた。齋藤さんは母・貞さんが担った役目は、当時の全請求人の要求の「突破口」になることだった、だから今回の判決は小野へのそれにとどまるものではなく、全被害者への判決と受けとめたい、と語った（そしてこのような兄妹の思いを示すため、10月末の横浜地裁への入廷時には、胸に父の遺影ではなく、泊慰安会時の七名の写真を掲げた。以降、入廷のときは、同じ写真を掲げた）。さらに補償があった場合、一円たりとも私的には受け取らず、支援する会にゆだねる覚書を貞さんから託されていることを報告した。

二〇〇九年。2月17日、第四次再審公判がひらかれた。『証言』ビデオ上映。橋本進の証言。荒井信一氏の証言。小野新一氏が康人氏の口述書を、齋藤信子氏が貞さんの第一次請求時の意見書を朗読。最後に佐藤主任弁護人と大川弁護団長の最終弁論。二人の弁論には期せずして傍聴席から拍手が湧き起こった。

この公判を前に、「正義と理性」にもとづき、免訴ではなく無罪判決を求める文化人・市民のハガキ署名一七九通が事務局を通して大島裁判長宛に送られた。直接地裁へとどけられた署名もある。同趣旨の声明・見解が、日本ペンクラブ、日本ジャーナリスト会議、国賠同盟中央本部、出版労連、岩波書店労組等から表明された。

3月30日、地裁判決。主文は免訴であったが、判決理由では、拷問、泊会議の虚構等が明確に認定され、旧刑訴法による「免訴事由」という「法的障害」さえなければ「無罪」とのべられていた。さらに刑事補償請求がなされれば、無罪の事由について実体的判断が行なわれ、結果は官報および新聞広告で公示される、とのべた。

一ヵ月後の4月30日、請求人、弁護団は刑事補償請求を行なった。

5月8日、「横浜事件・第四次再審報告集会」（全水道会館）。大川弁護団長「再審裁判二三年を通じて問うてきたこと」。佐藤主任弁護人「今回の再審判決の意味と司法の現在」。つづいて7月4―5日、「泊・横浜事件端緒の地」碑建立委員会と共催で「再審裁判報告・富山集会」（朝日町・紋左）、細川嘉六先生墓前報告会がひらかれた。富山集会には、再審無罪が決定したばかりの足利事件・菅家利治氏が参加、挨拶した（足利事件主任弁護人は佐藤弁護士）。両集会とも、横山氏らの弁護団紹介、小野、齋藤請求人の挨拶が行なわれたことはいうまでもない。

5月29日、第三次請求人、弁護団も刑事補償請求。

二〇一〇年2月4日。横浜地裁・大島裁判長は第四次、第三次請求側への補償決定を行なった。決定は、横浜事件が特高の思い込み捜査から始まり、司法関係者による追認で終わった事件であり、各機関の故意・過失は重大であると述べ、請求の限度いっぱいの補償とし、「無罪」を明示した。

3月27日、「横浜事件再審裁判　3・27最終報告集会」（全水道会館）。佐藤主任弁護人の報告『権力犯罪』を認めた再審裁判」のあと、梅田正己氏が支援する会の足どりを語り事務局メンバーを紹介した。現メンバーは梅田、金田、橋本のほか、新村恭（元岩波書店、元出版労連委員長）、水上人江（小学館）、佐藤俊広（岩波書店）、片岡晋介（故・修氏の子息）、小野あかね（小野請求人の夫人）。現メンバー以前に事務局員として活動された方々＝常世田智（講談社）、加藤健文（開

隆堂)、大塚茂樹(岩波書店)、俵義文(啓林館)、田中正明(岩波書店)、高木宏(東大出版会)。

大川弁護団長は「再審裁判と治安維持法」の講演。つづいて荒井信一、今井清一、奥平康弘、荻野富士夫、ふじたあさや、松本善明(弁護士。元衆議院議員)、冨矢信男(国賠同盟副会長)、市吉澄江(治安維持法被害者)の各氏がこもごも発言、拍手が相つぐ感動の集会となった。横山弁護士の挨拶と弁護団メンバーの紹介、兵庫県レッドパージ反対懇談会・大橋氏の訴えがあった。会場には西尾忠四郎氏の長女・瑜香《ゆか》さん(折にふれて支援する会と連絡、忠四郎氏の手紙などを紹介してくださった)など関係者や永年の支援者が駆けつけていた。

小野新一、齋藤信子氏から、永年の支援者への感謝、今後さらに国の戦争責任を問うていくこと、治安維持法犠牲者の国家賠償を求める動きへの連帯の気持ちが表明され、補償金は記録集発刊費用にあてる考えが示された。小林佳《か》一郎氏(第三次請求人の小林貞子さんの代理人)は、第四次と第三次が同様の成果を得たことをよろこぶ挨拶をした。父・英三郎氏と同じく、第四次の多くの集会に参加、発言されてきた。

集会は今回の成果はワン・ステップであり、治安維持法被害者すべてに対する謝罪と補償を実現し、国に〝歴史のけじめ〟を求めていく方向を確認して終わった。

6月24日、第四次に関する横浜地裁の「刑事補償法による補償決定の公示」が、『官報』とあわせ『朝日』『読売』『しんぶん赤旗』の広告欄に掲載された。裁判所による「無罪の証明」というべき公示と広告であった（一六二ページ参照）。

（再審裁判を支援する運動としては、本記録集刊行をもって終了とし、あとは「横浜事件を語り、伝える会」にひきつがれる。）

【追記】

一、「支援する会」一二四年の歩みをふりかえるため、『会報』ほかの資料を読みかえしての感想は、何と多数の方々の、長期にわたる、持続的な熱意にこの運動は支えられてきたことか、というものであった。発足以来、最後まで会員でありつづけ、集会や傍聴に参加し、折にふれて事務局に言葉をよせてくださった方々、裁判所への要請葉書に珠玉のような言葉を書きこんでくださった方々——。長年の変わらぬ御支援、本当に有難うございました。

二、各地の九条の会が憲法にかかわる問題として、横浜事件をとり上げられた。たとえば新宿女性九条の会（東京、〇八年11月30日）、かしわ九条の会（千葉県柏市、〇九年2月22日）等。

三、「支援する会」の歩みの中で、さまざまな人の出会い、エピソードが生まれた。九二年ごろ、元中央公論社保健室勤務の中川光子さんから手紙をいただき、浅石晴世氏、和田喜太郎氏や若き日の海老原光義氏の思い出を気賀すみ子さんと語り合ってもらった。富山・朝日町（旧泊町）美術館所蔵の細川嘉六氏の胸像（西常雄氏製作）は、つくられた2体のうちの1体で、小野家から寄贈されたものである。齋藤信子さん、金田富恵さんが西氏を訪ね、製作時の思い出を語ってもらった。青山鉞《えつ》治《じ》氏や小野康人氏ら請求人との縁で、支援する会の会員となり、熱心な活動をしてくださった方々にはいつも励まされた。富山の国賠同盟会員として支援する会に協力されていた脇しげお氏（前日本共産党町議）が、事件端緒の地、朝日町町長に当選されたのはうれしい出来事だった。

四、本稿は、冒頭でのべたように「支援する会」の立場からの記録である。第三次請求支援に当たられたのは、「横浜事件再審を実現しよう！　全国ネットワーク」の方々である。

※再審請求人として

父・小野康人の面影

第二次・四次再審請求人　小野新一

本書の出版とあわせて、他に二冊の本が同時に刊行されました。『全記録：横浜事件・再審裁判』と『ドキュメント横浜事件』です（どちらも横浜事件・再審裁判＝記録／資料刊行会編で、高文研発行）。

横浜事件・再審裁判の第一次から請求人団に加わった母・小野貞《さだ》は、生前、記憶が風化してしまわないうちに横浜事件の真実を明らかにしてほしい、また当時の記録をしっかりと残して二度とあのような忌まわしい事件が起こらぬよう、歴史の歯止めにしてほしいという願いを持っておりました。

その願いが、ようやく実現のはこびとなり、遺族として感無量の思いです。再審請求を行なってから刑事補償という「無罪の証明」を獲得するまで、二四年間もの歳月を経ました。弁護団の先生方や「支援する会」事務局の方々をはじめ、この長期にわたった再審裁判をささえてくださった皆様に心からお礼を申し上げます。

『ドキュメント横浜事件』を編むために、古いたくさんの資料を「支援する会」の皆さんとともに手分けしてパソコンに入力しましたが、私は、事件の被害者たち三二名が戦後、特高警察官たちを告訴するために書いた「口述書」の入力を担当しました。

特高たちは、筋書きどおりの「自白」を手に入れるために、拷問を含め、あらゆる手段を使います。その様子を赤裸々につづったのが口述書ですが、その中で「小林多喜二」の名前がひんぱんに出てくるのに驚きました。特高たちは多くの被疑者に対して一様に、「お前は小林多喜二がどのようにして死んだか知っているか！」と脅嚇の言葉を浴びせかけているのです。そして実際、それはただの脅しではなかったのです。

いま、相ついで冤罪事件が明らかになる中で、取調べの可視化が問われています。絶対にそうしなければいけないと、私は口述書を入力しながら何度も繰り返し思ったのでした。

ところで、この機会に父の思い出を少し書かせていただこうと思います。

父・小野康人は一九四二（昭和17）年、総合雑誌『改造』の8、9月号に細川嘉六先生の論文「世界史の動向と日本」が掲載されたときの同誌の編集部員でした。父の判決書に書かれている「犯罪事実」の第一は、特高が「共産主義的啓蒙論文」だと決め付けた細川論文の掲載に尽力したというものですが、父が検挙されたのはこの論文が掲載された時ではなく、それから八カ月もたった翌四三年5月のことでした。

「容疑」の第一も、細川先生の郷里・富山県泊《とまり》町で行なわれた「共産党再建準備会」に参加したというものでした。事実はもちろんそんなものではなく、細川先生が新著『植民史』の印税（原稿料）が入ったので、日ごろ親しくしている若い編集者や研究者を、戦時中でもまだ海の幸が味わえる海辺の郷里の町に招いてくださった慰安旅行に過ぎなかったのです。

しかし特高は、このとき撮影された一枚のスナップ写真から、「共産党再建準備会」という「事件」をでっちあげ、写真に写っていた改造社と中央公論社の編集者と満鉄調査室の研究者の計七名を検挙したのです。以後、日本の敗戦まで二年二カ月を、父たちは獄中で過ごしたのでした。（しかしこの「共産党再建準備会」の虚構は、敗戦を迎え米占領軍の進駐を前にして持ちこたえることができず撤回されます。そのため父の判決書では細川論文掲載への尽力だけが「犯罪事実」として残されたのでした。）

この「事件」のことだけを書くと、父は何かいかめしい闘士のように思われるかもしれません。しかし実際の父は、私たち子どもにとってはそれとはむしろ反対の、おおらかで人なつこく明るい人柄でした。

私が生まれたのは戦後の一九四六年ですが、幼い頃の記憶にある父との思い出は、父の行きつけの焼鳥屋に連れて行ってもらったり、天麩羅屋で開かれたある先生の帰国報告に連れられていったりしたことです。父は無類の酒好きでした。

父の郷里は群馬県で、小さい頃の夏、利根川の支流の烏川に泳ぎに行ったことがありました。残念ながら私は泳げず水際でバシャバシャ遊んでいるだけでしたが、父は楽しそうに水を切っていました。父は遊び上手な人でもありました。

人のいい父は、信頼しあう友人も多かったようです。

細川論文を掲載した当時の『改造』編集部からは、まず相川さんと父が検挙され、八カ月後に青山鉞治《えつじ》さんが検挙されます。その青山さんは父との関係を、著書『横浜事件―ある「改造」編集者の手記』の中で「ディオニソス（バッカス）的な仲間だった」と書いていますが、同書には父たちの後に横浜拘置所にやってきた青山さんに父が送った「レポ」が紹介されています。「レポ」というのは、獄中の人たちが看守の目を盗んで、「雑役」の囚人に頼んで仲間に届けてもらった紙切れのメッセージのことです。青山さんによると、そのときの父の「レポ」にはこう書かれていたそうです。

「青山君、とうとう君も来たね。しかし、これはすべて僕達が警察のテロに負けたからだ。僕はやっと予審が始まる。予審で警察調書と検事調書を徹底的に否認するつもりだ。じっさい僕達は改造の編集が共産主義運動であったとは、どうしたって納得がいかないではないか。細川先生はじめ全員、この点では一致しているはずだ。君は体が弱いから、さぞつらいだろうが、どうか歩調を合わせて最後までがんばってくれたまえ。小野」

父にはこのような強い一面もあったわけですが、生来のお人好しは抜きがたく、友人の保証人を引き受けて母をさんざん苦労させたことが何度かあったようです。私が楽観的でお人好しなのも、父の性格を受け継いだせいでしょう。

小さな出来事ですが、忘れられないエピソードがあります。

一九四三年5月26日早朝、父を拘引するため特高警察がやってきたのは、東京都渋谷区代官山にあった同潤会のアパートでした。同潤会というのは一九二三年の関東大震災のあと義援金によって設立された財団法人で、日本で最初の公共賃貸共同住宅（団地）を建設したことで知られています。

若き日の父と母

この同潤会アパートにわが家は戦後も住み、一九五九（昭和34）年に父が亡くなった後もずっと住み続けていました。一九七〇年代の終わりごろだったでしょうか、この同潤会アパートがNHKテレビで取り上げられたことがありました。それが放映されてまもなく、渋谷署の刑事がわが家に訊ねてきました。お隣の様子を聞きたいということでしたが、明らかにわが家の様子を探るのが目的だとわかりました。まだ再審を請求する前のことです。現代も特高みたいなものがあるのではないかという疑惑で、心が冷やりとしたことを覚えています。

母は、父が亡くなってから私たち子ども二人を育てながら、横浜事件の真実を明らかにするため、一九八六年の再審請求に加わりました。そのため凄い努力をしたのだと、今になってつくづく思わざるをえません。八〇歳を超えながら横浜事件のことに関して自分で国会図書館にまで行って調べたことがあったなんて、当時の私はちっとも知りませんでした。母はこの間に本を二冊出版し（気賀すみ子さんとの共著『横浜事件・妻と妹の手記』、大川隆司弁護士との共著『横浜事件・三つの裁判』、共に高文研）、二冊のブックレットを自費出版しています『横浜事件を風化させないで』（『横浜事件・真実を求めて』）。すさまじい執念でした。

一九九一年、第一次再審請求が「記録がない」を理由に門前払い同様で棄却された後、「判決書」と「予審終結決定書」がそろって残っていた父のケースがクローズアップされ、父・小野康人の再審請求を〝突破口〟として第二次再審裁判が起こされました。一九九四年のことです。そのさい、すでに八五歳になっていた母の「万一」のことを考え、私と妹も請求人に名を連ねたのでした。

その翌年、早くも母の「万一」が現実となりました。そのため、父の無念と母の遺志を私たちきょうだい二人が受け継ぐことになったのです。以後、第四次の再審請求でも引き続き私たち遺児二人が請求人となり、みなさんの後押しを受けて再審公判、そして刑事補償請求で何とか重責を果たすことができたのでした。

残された母の手記は繰り返し読みました。読むたびに、母と手をたずさえてこの再審裁判にかかわれなかった悔しさがこみあげてきました。母といっしょに父たちの「無罪の証明」を受け取ることができていたら、どんなにうれしかったことでしょう。

しかし、横浜事件の真実を明らかにしたいという母の念願を果たすことはできましたし、歴史の記録をしっかりと残すという願いもかなえることができました。これでやっと、重かった心の荷を降ろすことができます。

ご支援いただいた皆様に改めてお礼を申し上げます。

なお、再審裁判中に弁護団を中心に集められた横浜事件関係の資料は、法政大学大原社会問題研究所に寄贈しましたので、ご利用になりたい方は大原社会問題研究所にお問い合わせください。大原社研は、戦前、細川嘉六先生が一六年にわたって研究員として勤務されたところであり、法政大学は父と私の母校ということから、資料の保存を依頼した次第です。

※再審請求人として

横浜事件と母の人生

第二次・四次再審請求人　齋藤信子

二〇〇九年3月30日、とうとう横浜事件そのものの虚構性＝事件を捏造したのは国や司法であったという大島裁判長の判決が出され、横浜事件再審裁判に終止符がうたれました。主文が「無罪」でなかったことは残念ですが、判決の内容は「法的な障害」さえなければ無罪であると明確に述べられており、これこそ母・小野貞が望んだ内容だと確信しています。

一九八六年の再審請求から24年。母は第一次請求に加わり、第二次の途中、9年目で亡くなりましたが、裁判はその後15年も続きました。

最初の第一次再審の「棄却」決定を受け取った時の母の「目から火が出るかと思った」という言葉は今も忘れられません。

世間の常識ではまったく通用しない、まさに門前払いの「棄却」決定は驚くべきものでしたが、その低レベルが実はこの国の司法のおおよその現レベルであったことが、戦後40年たって再審請求したことで初めて知った驚くべき現実でした。

世間の常識では当然と思われる大島裁判長による決定・判決に出会うまで、実に24年もの歳月を費やしたこと自体が、その間メディアも本質を捉えきれない報道に終始したことを含め、この国の戦後の国家や司法、報道が戦時中とたいして変わってはいなかったことを浮き彫りにしました。横浜事件再審請求の24年間は〝国、司法、報道の現在〟をあぶりだしたことにも確かな意義があったと思います。

さて、私が母から聞いた横浜事件の話の中でひとつ、妙に忘れられないエピソードがありました。それは〝拷問〟を主導した特高の松下警部であったか、戦後、どこかの高架下で焼鳥屋かなにかをやっていることが父の耳に入り、こともあろうに『改造』編集部の同僚で仲の良かった青山鉞治《えつじ》さんに「行ってみよう」と誘ったという呆れたオフレコ話でした。青山さんが憤慨してその誘いに応じなかったのは道理。「バカにもほどがある」と父の脳天気ぶりへの母の慨嘆に私も大いに同調したものです。

（ところが青山さんの著書『横浜事件―ある「改造」編集者の手記』には父の誘いで松下の「牡丹」というとんかつ屋に行った話と、その後日談も書かれています。しかし私には母から聞いた話の印象が強く焼きついて、青山さんはことわったものと信じていたのでした。）

この話については、私には別の感想もありました。それは、世が世なら父と松下は店のオヤジとひとりの客として出会っていたのかもしれないという思いです。私には横浜事件の恐ろしさの原点の一つはそこにあるという考えがありました。特別な人が怖いのではない。拷問した側の人間の闇は、普通の人の中にいくらでもある闇として心に刻まれたのです。容易に変貌する人などはいくらでも世に溢れていて、どう変貌するかが違うだけです。恐ろしいのはその人たちが権力をもつことです。

私自身が横浜事件関係者の遺児として理不尽な目にあった経験はとくに思い当たりません。

私が若いころ、父のこの体験を普通に人に説明する時には、「横浜事件とは戦時下、共産主義者ではなかった人たちが、拷問で共産主義者に仕立てあげられて投獄された事件」と言っていました。すると決まって、同情とある種の忌避感の入り混じった反応がありました。そして話はそこで終わってしまうのです。その時はまだ漠然としていましたが、私が本当に伝えたかったのはその先で「国ってこわいのよ」ということだったのに、誰もそれ以上はこの話を聞く耳を持たないのです。

人によっては逆に「戦時中に思想をつらぬいたすごい人」といわれる場合もありました。

こうして、横浜事件とは私にとっては受け取り手の価値観で一八〇度変わってしまう事柄になったのでした。

私の原点は母の一言「戦争とは恐ろしいものだ。一人の人間にはどうすることも出来ない」という言葉です。私はずっと国家VS.ひとりの人間の問題として横浜事件を捉えていた気がします。

余談ですが、後には私も、明確に共産主義の思想を持っておられた平館さん、小林さん、細川先生の理念を少しは判るようになり、仮に父がそういう理念の人だったと聞いていたら、私にとっての横浜事件も全然違うものになっていたのかもしれませんが、結果的にシンプルでいたことはよかったと思います。

我が家の場合、当の父ではなく母が戦前に非合法と知った上で地下運動を支えることに加わった経験の持ち主であった！という話も、私自身の中ではもちろん、事件を人に伝える時にも、ことを充分にややこしくしました。

また、横浜事件を考えるとき拷問を避けては語れないのも事実です。

遺族にとって拷問体験者である肉親がいつまで生きていてくれて、どう亡くなったかはすごく大きな思いの深度差をもつと思うのです。

60余名の被害者の中で同じ条件の人は一人も存在せず、死が拷問と直接的であればあるほどその思いの淵は深く、遺族は固く口を閉ざしてしまいます。遺族が横浜事件を語ることの難しさがここにありました。

私の記憶の中の父は陽気で優しい父であるのに、自分が生まれる前のこととはいえ、やはり父親の拷問に触れられることはつらいことでした。でも私にとって父を早く亡くした不遇と横浜事件は全くというほどリンクしていなかったことは、いま考えると楽だったのだなと思います。

父はあまりにも突然亡くなってしまい、母はどんなにか困窮したことかと思います。

父は3人兄弟の真ん中で、一番気も弱く人がよかったといいます。長兄は天才肌の人で特に語学に秀で、イギリス人から「何年イギリスにいたのか？」といわれるほどであったそうです。また顔立ちも目が大きく日本人離れをして度胸もあり、銀座でも大いに浮名を馳せ（?）女の人に子供まで産ませたという話で、その尻拭いは全部父がやったそうです。その長兄が戦後リンガフォンという語学レコード会社を設立しました。そのリンガフォンの「語学は耳から」というキャッチフレーズは父が作ったそうです。

兄弟の父親（私たちの祖父）は帝大出の奇人で、株で御殿を建てたかと思うと破産して一家離散という極端な人であり、才人であった長兄と性格のきつい三男を可愛がり、おとなしい父を軽視し差別したそうです。

「お父さんは家庭を知らない人だった」と母はよく父のことを気の毒がって、その祖父のことを嫌っていました。父の母親は早死にで継母が来たので年の違う義理の妹さんもいました。薄幸で早世したその義理の妹さん（私の義叔母にあたる）を、父と母は家を建てた後引き取って家族として暮らしたそうで、そのときの話もよく聞きました。

後に出てくる兄嫁（父の長兄の嫁）はその方につらくあたったそうで、I子さんというその人は母に「義姉さんが初めて私を人間らしく扱ってくれた」と感謝したそうです。

また余談ですが、私が生まれて直ぐ母は癌の手術をするなど体が弱かったので、家にはいつもお手伝いさんがいました。父が亡くなってからも家政婦さんを頼んでいました。その身寄りのない60歳の家政婦さんは「このオンボロアパートで家政婦を頼まれたのは初めて」と言ったとのことですが、「奥さん、貯金通帳を預かって下さい」と頼まれたこともありました。小さい頃から私の遊び相手はこの方々で今も時々顔を思い出してなつかしくなります。

また家には継母の姉である気の良い「Fオバサン」という人もよく来てご飯を食べていました。母の甥や姪たちもよく母の料理を食べにきていました。

話は戻ります。リンガフォンは結局、その創業者である長兄が50何歳かで早死にしたことと、そのあとを継いだ父（康人）は経営の才はなく、そのうえ51歳で亡くなってしまうと、そのあとを継いだ三男と兄嫁の間に争いが起きて会社はグチャグチャになりました。

父は金銭感覚がまったくダメなわりにはアイデアのある人だったそうで、戦後、長兄のつてで当時入手困難であった紙が手に入り、今の週刊誌のはしりのような雑誌を作って面白いようにもうかったそうです。

その資金をリンガフォンの建て直しに父が投じたこともあり、父が亡くなったとき母は子供たち（私たち）が大学に行くまでの教育費によもや困るとは思いもよらなかったそうです。

ところが父が亡くなってみると、父は次から次へと保証人になったあげく、実印まで人に預けてしまったことが発覚。果ては生命保険まで解約して飲んでしまっていたことまで判明！　困り果てた母は会社での父の当然の権利を（建てた家まで売った）主張して家裁に申し立てました。私は高校生になっていましたが、強欲な父方の親戚の話をずいぶん聞かされました。以後、父方の親戚とは絶交しました。

「お金持ちなだけで教養も知性もない人だと兄嫁をばかにしていたのは、とんでもない間違いだった。私などが闘えるような相手ではなかった」と母は後になってよく悔いていました。相手を見ないで突き進む無鉄砲な面が、母にはあったようです。また、その一件で裁判とは証拠となる書類がなければどうにもならないということも嫌というほど母は思い知らされました。

当時は世間で名の通った会社だったリンガフォン騒動は週刊誌にも出ました。そこにはデタラメな嘘ばかりが書きたてられていました。なんと、父が作ったキャッチフレーズまでが別の誰か（忘れましたが）が作ったことになっていました！　それが一番ショックでした。記事は意図をもって流されたデマでした。

夫を亡くし、幼い子供をかかえた母が、父の係累の異質な人たちにかこまれてどんなに大変だったか。母の不遇の数年はまさに孤軍奮闘でした。家裁では当然父に理があったようで、わずかながらお金はもらえたようでした。そんな事情で私たち兄妹は多少の苦学はしました。でもあの時代は日本の高度経済成長期で、いま思えば社会人になってしまえば仕事に困ることはなく生活は成り立つようになりました。

そう言えば、オンボロで狭いアパートでの母子家庭の貧乏と孤立の中にいたと前に書きましたが、実は最近、関千枝子氏の母子家庭のルポを拝見して、母子家庭の貧困などということを私がいうのは全くの認識不足で、自分が過剰にそう思い込んでいたことが恥ずかしくなりました。

父についての兄の記憶の中では、焼鳥屋が大きな位置を占めていると聞いて、振り返ってみると、私の我が家の記憶もほとんどが食べることだと気付きました。

母は「子供には美味しいものを食べさせたい」というのがモットーでした。手持ちのお金がありさえすれば外食にも連れて行ってくれました。渋谷のサバランという洋食屋、フランセやユーハイムのケーキ。

そして家では鶏の丸焼き、ビーフシチュー（何年物かの夏みかん酒を入れて実に美味でした）、「おいしい、おいしいといって食べてもらうのが一番よ。うちはエンゲル係数だけ！」と張り切って腕を振るいました。寿司は絶品でした。

「お父さんは食通で味利きだった。魚屋さんや板前さんとはすぐに気安くなって、作り方を聞いてきては教えてもらった。でも貴方（私のこと）は美味しいところに一緒に連れて行ってくれるような人と結婚しなさい」と母はいつも私に言っていました。実際、私はそういう人と結婚しました。何と父と似ている人と一緒になったのだろうか！と今も不思議に思います。

父は「オハラショウスケさん」のようにお風呂大好き人間でもあり、我が家のお風呂はこだわって檜風呂だったそうですが、それだけでは気がすまないのか、たまに銭湯にまで行っていました。ですから大島裁判長の決定の中で「拷問が早死にの遠因になっている」との示唆は意外で、私は本当にびっくりしてしまいました。父方はみな短命だと思って、全くリンクしていませんでした。

父の横浜事件は私を決定的に政治不信にした上、私はある時期までは新聞も読みませんでした。政治の話となるとやみくもに頭に来てものを言うので、

「あなたはとんちんかんで恥をかくからあまり人前では話さないほうがよい」

と特に再審が始まってから母は心配しました。

でも実は、戦前非合法と知りながら左翼運動をしたという当の母でさえ、あんまり政治的なことはわからなかったのではないだろうかと私は秘かに思ってしまうのです。

母は「天皇様は科学者だから嫌いではない」とも言いました。

母も共産主義がなんであるかということはあまり判らず、ただあのとき出会った「地下運動」の人たちを尊敬して、「その人たちを自分のような小さな人間が決して裏切ってはならないと思って捕まってもがんばった」と言っていました。

母が嫌ったのは、曲がったことと、権力と、お金で動くことでした。母の原点はそこにあり、母は終生、全く感性の人でした。

この24年間は、自分たちが生まれる前の戦前、戦中から戦後41年たった一九八六年の横浜事件再審によって、母というひとりの人間の分断されていた時間が一挙に繋がってつらぬかれる様を、驚きに満ちて体験した年月でもありました。

その時間のはざまを埋めたのが、私の知る母の子育て期で、それは単に子供から見た母親像のひとつなのかもしれません。しかしそれは紛れもなく母その人でした。

こんなことも思い出しました。

杉並にいた時、青山さんのお宅に父と自転車で行きました。父の荷台に乗って行ったときは楽ちんだったのに、子供用自転車に乗れるようになってからは、父や兄の自転車を見失わないように必死にこいでついていったことを思い出します。青山さんのお宅には猫がいたのを覚えています。

■〈支援する会〉から〈語り、伝える会〉へ

〈横浜事件・再審裁判を支援する会〉は、本書『横浜事件とは何だったのか』（総括）と『全記録：横浜事件・再審裁判』（裁判記録）、『ドキュメント横浜事件』（事件資料集）の3部作の発行をもって、活動を終了します。

今後は、インターネット上にホームページを設けた「横浜事件を語り、伝える会」によって、情報の提供、意見交換等を行っていきます。ホームページのＵＲＬは左記のとおりです。

http://yokohama-jiken.sakura.ne.jp/

大川　隆司（おおかわ　たかし）
1940年、横浜市に生まれる。68年の弁護士登録以来、家永教科書訴訟に関わり、続いて高嶋教科書訴訟にとりくむ。一方、97年に「かながわ市民オンブズマン」を設立、代表幹事となるほか、05年には神奈川「こころの自由裁判」の弁護団代表を務めた。著書『国旗・国家と「こころの自由」』『横浜事件・三つの裁判』（共著。共に高文研）

佐藤　博史（さとう　ひろし）
1948年、島根県に生まれる。正木ひろし弁護士の活動を描いた映画「真昼の暗黒」に触発され、弁護士となる。74年、弁護士登録後、数かずの冤罪事件にとりくみ、最近では「足利事件」で菅家利和氏を弁護、劇的な勝利を勝ち取る。著書『刑事弁護の技術と倫理―刑事弁護の心・技・体』（有斐閣）『訊問の罠―足利事件の真実』（共著。角川書店）

橋本　進（はしもと　すすむ）
1927年、東京に生まれる。48年、中央公論社入社。『中央公論』編集次長。退社後、現代史出版会編集長。後、日本ジャーナリスト専門学校、都留文科大学講師。元日本ジャーナリスト会議代表委員。86年の「横浜事件・再審裁判を支援する会」創設以来、事務局をになう。著書『沖縄戦とアイヌ兵士』

装丁　商業デザインセンター・松田　礼一

横浜事件・再審裁判とは
何だったのか

●二〇一一年一〇月一五日――――第一刷発行

著　者／大川隆司・佐藤博史・橋本進

発行所／株式会社 高文研
東京都千代田区猿楽町二―一―八
三恵ビル（〒一〇一＝〇〇六四）
電話　03＝3295＝3415
振替　00160＝6＝18956
http://www.koubunken.co.jp

組版／株式会社WebD（ウェブ・ディー）

印刷・製本／シナノ印刷株式会社

★万一、乱丁・落丁があったときは、送料当方負担でお取りかえいたします。

ISBN978-4-87498-468-0　C0036